I0003899

Identitäts- und Zugriffsverwaltung: Vom Anfänger zum Profi

MARIA BRYGHT

HINGABE

Dieses Buch ist Ihnen gewidmet, den Pionieren an der Schwelle zur digitalen Grenze, die die Komplexität des Identitäts- und Zugriffsmanagements meistern möchten. In einer Zeit, in der digitale Identitäten das Rückgrat jeder Interaktion und Transaktion bilden, ist Ihre Rolle nicht nur wichtig, sondern unverzichtbar.

Möge dieses Werk Ihnen als Leitfaden und Inspiration dienen und Ihnen den Weg durch die komplexe IAM-Landschaft weisen. Es soll Ihnen als Leuchtfeuer dienen und Sie durch die Herausforderungen der Sicherung digitaler Identitäten, der Verwaltung von Zugriffsrechten und der Sicherung der Informationszugänge in einer zunehmend vernetzten Welt führen.

Begegnen Sie der bevorstehenden Reise mit Neugier, Leidenschaft und dem unermüdlichen Streben nach Exzellenz. Denken Sie daran: Die Fähigkeiten, die Sie entwickeln, und das Wissen, das Sie erwerben, prägen nicht nur Ihre Zukunft, sondern stärken auch die digitale Infrastruktur, auf die unsere Gesellschaft angewiesen ist.

Dieses Engagement ist eine Würdigung Ihres Ehrgeizes und eine Anerkennung der zentralen Rolle, die Sie bei der Schaffung einer sicheren, effizienten und vertrauenswürdigen digitalen Welt spielen werden.

Begeben Sie sich voller Zuversicht auf diese Reise, denn die Zukunft von IAM liegt in Ihren fähigen Händen.

INHALTSVERZEICHNIS

DANKSAGUNG

Mein tiefster Dank gilt den vielen Personen, die maßgeblich zur Entstehung dieses Buches beigetragen haben. An erster Stelle gilt mein Dank den unzähligen IAM-Experten, die den Grundstein für dieses Werk gelegt haben. Ihre bahnbrechende Forschung und praktischen Umsetzungen haben den Weg für ein tieferes Verständnis von Identity and Access Management geebnet.

Besonderer Dank gilt meinen Kollegen und Mentoren auf diesem Gebiet, deren Erkenntnisse und Erfahrungen diesen Text unermesslich bereichert haben. Ihre Bereitschaft, Wissen zu teilen und Anleitung zu geben, war eine Inspiration und hat die Geschichte dieses Buches maßgeblich geprägt.

Ich bin außerdem der gesamten Fachgemeinschaft, einschließlich der Forumsmitglieder, Konferenzsprecher und Online-Mitwirkenden, unendlich dankbar, deren lebhafte Diskussionen und geteilte Weisheit unschätzbar wertvolle Zusammenhänge und Perspektiven geliefert haben.

EINFÜHRUNG

IAM (Identity and Access Management) ist ein Framework aus Richtlinien, Technologien und Prozessen, mit dem Unternehmen digitale Identitäten verwalten und den Benutzerzugriff auf kritische Informationen in ihren Systemen kontrollieren. IAM-Systeme ermöglichen IT-Managern, sicherzustellen, dass die richtigen Personen (Mitarbeiter, Kunden oder Partner) zum richtigen Zeitpunkt und aus den richtigen Gründen auf die richtigen Ressourcen zugreifen können. Dies umfasst verschiedene Komponenten und Prozesse, die jeweils eine entscheidende Rolle beim Schutz der digitalen Ressourcen des Unternehmens spielen. Die folgenden Abschnitte beschreiben die Kernaspekte von IAM in der Cybersicherheit.

BEDEUTUNG VON IAM

IAM-Systeme spielen eine entscheidende Rolle bei der Sicherung von Unternehmensdaten, indem sie sicherstellen, dass nur autorisierte Personen auf vertrauliche Informationen und Ressourcen zugreifen können. Sie helfen, unbefugten Zugriff, Datenschutzverletzungen und Identitätsdiebstahl zu verhindern. Darüber hinaus unterstützen IAM-Systeme die Einhaltung verschiedener gesetzlicher Vorschriften, indem sie Tools zur Implementierung und Demonstration von Zugriffskontroll- und Auditrichtlinien bereitstellen.

HERAUSFORDERUNGEN UND ÜBERLEGUNGEN

IAM ist ein grundlegendes Element der Sicherheitslage eines Unternehmens und entscheidend für den Schutz vor unbefugtem Zugriff und Sicherheitsverletzungen. Durch die effektive Verwaltung digitaler Identitäten und Zugriffsrechte können Unternehmen ihre kritischen Ressourcen schützen und gleichzeitig eine sichere und effiziente Arbeitsumgebung schaffen. Angesichts der sich ständig weiterentwickelnden Cybersicherheitsbedrohungen gewinnt die Rolle von IAM bei der Gewährleistung der Sicherheit digitaler Ressourcen zunehmend an Bedeutung.

AUTHENTIFIZIERUNG, AUTORISIERUNG UND ABRECHNUNG

Diese Säulen bilden den Kern, auf dem alle nachfolgenden Konzepte und Strukturen aufbauen. Für ein umfassendes Verständnis lohnt es sich, tiefer in diese Prinzipien einzutauchen. Betrachten wir jedes Prinzip einzeln.

Bei der Authentifizierung wird die Identität eines Benutzers bestätigt, indem die angegebene Identität anhand eines eindeutigen Beweismittels abgeglichen wird, das schwer zu fälschen oder zu reproduzieren ist. Eine erfolgreiche Validierung solcher Identifikatoren, wie beispielsweise eines Passworts, gewährt Zugriff, während ein Fehler zur Verweigerung führt. Konzeptionell kann die Authentifizierung als ein zweiteiliger Prozess betrachtet werden, der typischerweise etwas Eigenes und etwas in seinem Besitz umfasst. Zukünftige Diskussionen werden die Nuancen der Authentifizierung und verschiedene Methoden zur Bestätigung der Identität untersuchen. Der Kern der Authentifizierung besteht darin, die eigene Identität überzeugend nachzuweisen.

Autorisierung hingegen beschreibt die Berechtigungen, die einem Benutzer innerhalb eines Systems gewährt werden. Im Wesentlichen geht es darum, Berechtigungen für den Zugriff auf bestimmte Ressourcen oder Daten zu erteilen. Wichtig zu wissen: Die Autorisierung erfolgt erst nach erfolgreicher Authentifizierung. Beispielsweise erhalten Sie nach der Anmeldung auf einer Bank-Website (Authentifizierung) Zugriff auf Ihre Kontodaten (Autorisierung), was die Berechtigung zum Zugriff auf diese Daten bedeutet. Effektive Autorisierungskontrollen sind für Unternehmen unerlässlich, um den Zugriff auf vertrauliche Informationen zu verwalten und sicherzustellen, dass Benutzer nur auf das zugreifen können, was sie benötigen. Dies erhöht die Sicherheitsmaßnahmen erheblich.

Das dritte Prinzip, die Abrechnung, umfasst die Verfolgung und Aufzeichnung der Ressourcennutzung durch authentifizierte und autorisierte Benutzer. Oft als Überwachung bezeichnet, umfasst sie die Protokollierung von Aktivitäten wie Sitzungsdauer, Dateninteraktionen und Zugriffsorten innerhalb des Systems. Die Bedeutung der Abrechnung liegt darin, die ordnungsgemäße Nutzung der bereitgestellten Zugriffsrechte zu überprüfen und unbefugte Zugriffsversuche zu erkennen. Regelmäßige Überwachung ist besonders wichtig, um die anfälligsten Systeme vor potenziellen Cyberangriffen zu schützen.

Um diese Konzepte zu vereinen, betrachten wir ein Beispiel aus der Praxis: Ein Mitarbeiterausweis dient zur Authentifizierung und ermöglicht den Zutritt zum Büro. Das Durchziehen des Ausweises zum Zutritt zu bestimmten Bereichen stellt eine Form der Autorisierung dar. Regelmäßige Sicherheitsberichte über die Zutrittsprotokolle dienen der Kontrolle und stellen sicher, dass nur der autorisierte Zutritt gewährt wird.

In der ersten Phase der Zutrittskontrolle, der sogenannten Identifizierung, behauptet eine Person lediglich ihre Identität, ohne konkrete Beweise vorzulegen. In dieser Phase wird lediglich eine Identität behauptet, ohne dass eine Überprüfung erfolgt. Daher ist es möglich, dass die Behauptung ungenau oder falsch ist. Stellen Sie sich ein reales Szenario vor: Sie versuchen, ein gesichertes Bürogebäude für eine Besprechung zu betreten. Sie treten an den Sicherheitsschalter und nennen Ihren Namen – das ist die

Identifizierung.

In der nächsten Phase, der Authentifizierung, muss die Person ihre angegebene Identität gegenüber dem Zutrittskontrollsystem nachweisen. Im Bürogebäude könnte dies bedeuten, dass Sie dem Sicherheitspersonal Ihren Führerschein vorzeigen, um Ihre Identität zu bestätigen.

Die Authentifizierung allein gewährt jedoch noch keinen Zugriff. Das System muss auch prüfen, ob Sie zum Zugriff auf die angeforderten Ressourcen berechtigt sind. Hier kommt die Autorisierung ins Spiel. Im physischen Szenario würde das Sicherheitspersonal Ihren Termin anhand eines Zeitplans überprüfen, um Ihre Zugriffsrechte zu bestätigen.

Es ist wichtig, zwischen den Phasen der Identifizierung und der Authentifizierung zu unterscheiden und die jeweils damit verbundenen spezifischen Mechanismen zu verstehen.

Diese Konzepte beschränken sich nicht nur auf den physischen Zugang, sondern gelten auch im digitalen Bereich. Typischerweise beinhaltet die digitale Identifizierung die Eingabe eines Benutzernamens, der beispielsweise von Ihrem Namen abgeleitet sein kann. Die Authentifizierung kann dann unter anderem ein Passwort erfordern, auf das wir später in diesem Buch näher eingehen werden. Die digitale Autorisierung erfolgt üblicherweise durch die Überprüfung der einem Benutzer oder einer Gruppe zugewiesenen Berechtigungen anhand von Zugriffskontrolllisten.

Zugriffskontrollsysteme umfassen Identifizierungs-, Authentifizierungs- und Autorisierungsprozesse, wenn Benutzer auf Ressourcen zugreifen möchten. Darüber hinaus verfügen diese Systeme über Abrechnungsfunktionen, mit denen Administratoren Benutzeraktivitäten überwachen und Ereignisse aus Protokollen rekonstruieren können. Diese Funktionen werden oft als AAA bezeichnet.

Beim Entwurf von Zugriffskontrollsystemen ist es wichtig, die verschiedenen Mechanismen zur Ausführung dieser Aufgaben zu berücksichtigen und sicherzustellen, dass sie an Umgebungen anpassbar sind, die Cloud-basierte und lokale Ressourcen integrieren und ein umfassendes Identitäts- und Zugriffsverwaltungssystem über verschiedene Infrastrukturen hinweg unterstützen.

Zusammenfassend lässt sich sagen, dass die Triade aus Authentifizierung, Autorisierung und Abrechnung den Eckpfeiler des Identitäts- und Zugriffsmanagements bildet und es Unternehmen ermöglicht, den Zugriff auf Ressourcen wirksam zu sichern und die Integrität dieses Zugriffs zu überprüfen.

AUTHENTIFIZIERUNG

Stellen Sie sich Ihren Führerschein als Ausweis vor oder Ihren Reisepass auf Reisen. Diese Dokumente bestätigen Ihre Identität. Ebenso dient die Eingabe eines Passworts auf einer Website als Verifizierung und bestätigt den Besitz bestimmter Kenntnisse. Authentifizierung ist eine wichtige Funktion in zahlreichen Systemen und stellt sicher, dass nur berechtigte Personen Zugriff erhalten. Lassen Sie uns die Feinheiten der Authentifizierung untersuchen, die die erste Hürde für den Zugriff auf benötigte Ressourcen darstellt.

Bei der Authentifizierung wird die Identität eines Benutzers durch Überprüfung seiner angegebenen Identität festgestellt. Der Überprüfungsprozess erfordert in der Regel eindeutige, persönliche Informationen, die für andere schwer zu reproduzieren sind. Eine erfolgreiche Überprüfung der Anmeldeinformationen gewährt Zugriff, eine fehlgeschlagene Überprüfung führt zur Verweigerung. Die Authentifizierung kann als zweistufiges Verfahren betrachtet werden, das sowohl die Identität des Benutzers als auch den Besitz eines einzigartigen Objekts unterstreicht.

Zur Identifizierung ist zunächst eine Benutzer-ID erforderlich, die die Identität des Benutzers repräsentiert, beispielsweise eine E-Mail-Adresse, eine Studenten-ID oder eine selbst gewählte ID. Im zweiten Schritt ist der Nachweis einer eindeutigen, schwer vorhersehbaren Person erforderlich. Gängige Formen sind Passwörter oder PINs, die häufig für den Zugriff auf Unternehmensressourcen und private Geräte verwendet werden.

Biometrie wird als Authentifizierungsmethode immer beliebter. Dabei werden einzigartige körperliche Merkmale als Identitätsnachweis genutzt. Dazu gehören Fingerabdrücke, Stimmmuster oder Gesichtserkennung – allesamt persönlich und einzigartig. Immer mehr Geräte bieten biometrische Authentifizierungsoptionen.

Eine weitere Methode sind Token. Dabei kann es sich um ein physisches Gerät mit einem häufig wechselnden Code, eine Chipkarte für den Computerzugang oder eine SMS mit einem Code handeln. Die Authentifizierung fungiert somit als wichtiges Gateway und erfordert einen Identitätsnachweis, gefolgt von der Validierung mit einem eindeutigen Faktor. Strenge Authentifizierungsverfahren gewährleisten die korrekte Zugriffsvergabe.

Die Identifikation ist ein zentraler Bestandteil jedes Zugangskontrollsystems und ermöglicht es Benutzern, sich dem System eindeutig zu präsentieren, ohne mit anderen verwechselt zu werden. Zwei gängige Identifikationsformen sind Benutzernamen und Zugangskarten, die jeweils einen bestimmten Zweck bei der Überprüfung der Benutzeridentität erfüllen.

Benutzernamen sind die am weitesten verbreitete Form der Identifizierung in digitalen Umgebungen. Jede Person, die auf ein System zugreift, erhält einen eindeutigen Benutzernamen, der oft aus einer Kombination ihrer Namen besteht, beispielsweise dem Anfangsbuchstaben gefolgt vom Nachnamen. Diese Methode vereinfacht die Zuordnung eines Benutzernamens zu seinem Besitzer und erleichtert die Identifizierung durch andere innerhalb des Unternehmens. Wichtig zu beachten: Benutzernamen dienen ausschließlich der Identifizierung und nicht der Authentifizierung und müssen daher nicht vertraulich behandelt werden.

Zugangskarten hingegen werden von Organisationen häufig zur physischen Identifizierung eingesetzt. Diese Karten dienen oft sowohl als Nachweis der Zugehörigkeit zur Organisation als auch als Zugangsberechtigung für physische Orte wie Bürogebäude oder Sicherheitsbereiche sowie gelegentlich auch für digitale Systeme. Je nach Ausführung können Zugangskarten sowohl Identifikations- als auch Authentifizierungsfunktionen erfüllen.

Die Technologie hinter Kartenlesegeräten variiert. Die Basissysteme verwenden Magnetstreifen, ähnlich denen von Kreditkarten. Magnetstreifen lassen sich jedoch mit leicht zugänglichen Geräten relativ leicht klonen, was sie zu einer weniger sicheren Authentifizierungsoption macht. Im Gegensatz dazu verfügen Smartcards über einen integrierten Schaltkreis, der die Sicherheit deutlich erhöht, da er das Duplizieren erschwert. Benutzer stecken diese Karten entweder in ein Lesegerät oder halten sie bei kontaktlosen Smartcards einfach an ein Lesegerät, um die Kommunikation über eine integrierte Antenne zu starten.

Kontaktlose Karten können passiv sein und den Chip über das Lesegerät mit Strom versorgen. Aktive Karten verfügen über eine Batterie und einen Sender, um das Lesen aus der Ferne zu ermöglichen. Aktive Karten bieten zwar den Komfort einer Kommunikation über größere Entfernungen, erfordern aber mit der Zeit einen Batteriewechsel.

Unabhängig von der gewählten Technologie besteht das Hauptziel eines Identifikationssystems darin, Benutzer genau und eindeutig zu identifizieren und so eine nahtlose und sichere Zugriffskontrolle innerhalb einer Organisation zu gewährleisten.

BIOMETRIE

Die biometrische Authentifizierung nutzt einzigartige physische oder Verhaltensmerkmale zur Identitätsprüfung und dient sowohl der Identifizierung als auch der Authentifizierung von Benutzern, kategorisiert unter dem Authentifizierungsfaktor „Etwas, das Sie sind". Ein gut konzipiertes biometrisches System schafft ein Gleichgewicht zwischen Benutzerfreundlichkeit und Sicherheitseffizienz. Solche Systeme zeichnen sich durch eine unkomplizierte Benutzerregistrierung, möglicherweise mit administrativer Unterstützung, aus und gewährleisten so eine schnelle und problemlose Einrichtung. Sie zeichnen sich durch eine geringe Anzahl falscher Annahmen aus, wodurch das Risiko eines unbefugten Zugriffs minimiert wird, und eine geringe Anzahl falscher Ablehnungen, wodurch die Verweigerung des Zugriffs für berechtigte

Benutzer vermieden wird. Darüber hinaus sind diese Systeme minimalinvasiv konzipiert, um Benutzer nicht zu belästigen.

Verschiedene biometrische Authentifizierungsmethoden sind heute weit verbreitet. Fingerabdruckscanner sind beispielsweise auf vielen persönlichen elektronischen Geräten weit verbreitet. Diese Methode ermöglicht es Benutzern, ihre Fingerabdrücke bei der Ersteinrichtung zu registrieren, was eine nahtlose Identifizierung und Authentifizierung ermöglicht. Die Fingerabdruckauthentifizierung wird aufgrund ihrer Genauigkeit und geringen Invasivität bevorzugt.

Augenscans, einschließlich Iris- und Netzhauterkennung, bieten eine zusätzliche biometrische Sicherheitsebene. Manche Nutzer empfinden Augenscans jedoch als störend, weshalb ihre Anwendung hauptsächlich auf Umgebungen mit hohen Sicherheitsanforderungen beschränkt ist. Die Stimmabdruckerkennung, die die Identität anhand von Stimmmustern überprüft, kann anfällig für Replay-Angriffe sein, bei denen ein Betrüger eine Aufzeichnung der Stimme des Nutzers verwendet. Daher ist die Stimmabdrucktechnologie weniger verbreitet, es sei denn, sie wird mit zusätzlichen Sicherheitsmaßnahmen kombiniert.

Die Gesichtserkennungstechnologie vergleicht eine Live-Aufnahme des Gesichts eines Benutzers mit einem gespeicherten Bild. Trotz anfänglicher Bedenken hinsichtlich hoher Falscherkennungsraten und der wahrgenommenen Aufdringlichkeit haben technologische Verbesserungen die Gesichtserkennung zuverlässiger gemacht und ihre Akzeptanz erhöht.

Darüber hinaus werden innovative Techniken zur Analyse von Venenmustern, Handgeometrie und sogar des Gangbildes erforscht. Der Trend hin zur biometrischen Identifizierung spiegelt die wachsende Präferenz für bequeme, nicht-traditionelle Authentifizierungsmethoden gegenüber herkömmlichen, wissensbasierten Methoden wie Passwörtern wider. Diese Methoden bieten erhöhte Sicherheit, da sie eine Umgehung der Authentifizierung erschweren.

Bei der Diskussion über Identitäts- und Zugriffsverwaltung muss man verstehen, dass „Identität" – ob Benutzer, Einzelperson oder Entität – in verschiedenen Organisationskontexten stark variiert. Wenn Sie die für Ihr Unternehmen relevanten Benutzer kennen, können Sie die jeweiligen Berechtigungen festlegen. Sehen wir uns die verschiedenen Identitätskategorien genauer an.

Ein Benutzer ist in erster Linie eine Einzelperson, beispielsweise ein Mitarbeiter, Auftragnehmer oder Lieferant, der Zugriff auf die Systeme Ihres Unternehmens benötigt. Eine weitere Identitätskategorie sind Agenten, also Einzelpersonen oder Entitäten, die befugt sind, im Namen anderer zu handeln. Ein Beispiel hierfür ist die Beauftragung Ihres Assistenten, Reisen unter seiner Identität, aber in Ihrem Namen zu buchen.

Geräte oder Systeme wie Ihr persönlicher Laptop oder ein Server stellen einen anderen Benutzertyp dar. Sie benötigen Identitäten, um ihre Aktivitäten in Ihrem Netzwerk zu überwachen. Ebenso werden Konten, die möglicherweise Systemzugriff zum Datenabruf oder zur Ausführung von Aktionen benötigen, Identitäten zur Aktivitätsverfolgung zugewiesen. Beispielsweise muss ein Banksystem, das Transaktionen zwischen Konten verarbeitet, die Identität jedes Kontos erkennen, um die Berechtigungen für solche Aktionen zu überprüfen.

Für die Verwaltung mehrerer Benutzer unter einer einzigen Identität sind Benutzergruppen praktisch. Dieses Konzept ermöglicht eine gemeinsame Berechtigungsverwaltung für Gruppen, beispielsweise für Distributoren, die auf einen gemeinsamen Systembereich zugreifen. Rollen hingegen benennen einzelne Benutzer mit spezifischen Funktionen, beispielsweise Buchhalter, und weisen ihnen basierend auf diesen Rollen standardisierte Berechtigungen zu.

Das Verständnis Ihrer Benutzer ist entscheidend für die Festlegung der Berechtigungen, die sie erhalten. Idealerweise haben alle Identitäten zunächst keine Berechtigungen. So wird sichergestellt, dass in Ihrem Netzwerk keine unbefugten Aktivitäten stattfinden, bis der Zugriff gewährt wird. Berechtigungen können auf verschiedene Weise erteilt werden.

Viele Unternehmen verfolgen eine Ausbaustrategie. Sie beginnt mit einem grundlegenden „Geburtsrecht" für alle neuen Mitarbeiter, der typischerweise Netzwerk-, E-Mail- und Internetzugang umfasst. Zusätzliche Systemberechtigungen werden dann bei Bedarf vom Mitarbeiter oder seinem Vorgesetzten beantragt. Alternativ können rollenbasierte Berechtigungen den Zugriff auf Grundlage der Aufgabenbereiche zuweisen, wobei jede Rolle den für ihre Aufgaben relevanten Zugriff erhält, beispielsweise Zugriff auf das Finanzsystem für Buchhalter.

Richtlinien können den Zugriff weiter verfeinern und Bedingungen festlegen, unter denen Benutzer bestimmte Aktionen ausführen oder auf bestimmte Systeme zugreifen dürfen. Beispielsweise kann eine Richtlinie den Systemzugriff auf Unternehmens-E-Mail-Adressen beschränken oder vorschreiben, dass nur vom Unternehmen verwaltete Geräte eine Verbindung zu bestimmten Netzwerkteilen herstellen können.

Indem Sie die verschiedenen Benutzeridentitäten in Ihrem Unternehmen definieren und ihren Zugriff sorgfältig festlegen, stellen Sie sicher, dass den richtigen Personen und Systemen die entsprechende Zugriffsebene gewährt wird. Dies erhöht die Sicherheit und Effizienz.

ANMELDUNG

Beim Einrichten neuer Benutzer in einem System ist es wichtig, ihnen die ersten Zugangsdaten zu erteilen. Dieser Einrichtungsprozess umfasst die Erfassung von Benutzerinformationen und die Einrichtung ihrer digitalen Präsenz im System. Der entscheidende Teil dieser Einrichtung ist die Identitätsprüfung, die bestätigt, dass die Person tatsächlich die Person ist, für die sie sich ausgibt. Sehen wir uns die einzelnen Schritte dieses Prozesses genauer an.

Der Einrichtungsprozess gliedert sich in vier Hauptphasen. Zunächst muss eine Anfrage zum Hinzufügen eines neuen Benutzers oder einer neuen Entität zum System gestellt werden. Beispielsweise kann ein Manager bei der Einstellung eines neuen Teammitglieds Systemzugriff beantragen. Anschließend muss diese Anfrage von einer anderen Person als der Person, die sie gestellt hat, bestätigt werden, um sicherzustellen, dass Befugnisse und Entscheidungsbefugnisse gemäß den Unternehmensrichtlinien verteilt sind. Bei Einstellungsszenarien kann ein Manager auf höherer Ebene oder eine andere Abteilung die Anfrage prüfen und genehmigen.

Anschließend führt die zuständige Registrierungsstelle die Identitätsprüfung und andere notwendige Kontrollen gemäß den organisatorischen Standards durch. Diese Stelle ist häufig zentralisiert, meist in der Personalabteilung angesiedelt, und ist für die Sicherstellung der Legitimität der Identität des neuen Unternehmens verantwortlich.

Im letzten Schritt werden dem neuen Benutzer die eigentlichen Anmeldeinformationen ausgestellt. Idealerweise durch eine andere Person als die an den vorherigen Schritten beteiligten Personen, um eine Aufgabentrennung zu gewährleisten und das Risiko von Fehlern oder Betrug zu minimieren.

Diese Trennung im Registrierungsprozess ist entscheidend für Sicherheit und Integrität. Sie stellt sicher, dass mindestens zwei Parteien der Aufnahme der neuen Entität zustimmen, wodurch das Risiko unbefugter Hinzufügungen reduziert wird. Sie ermöglicht außerdem eine unabhängige Überprüfung der Identität des neuen Benutzers. Die endgültige Ausgabe dient als letzte Kontrolle, um sicherzustellen, dass alle Verfahren ordnungsgemäß befolgt wurden.

Die Identitätsprüfung ist ein wichtiger Bestandteil dieses Prozesses, da sie die Grundlage für das Vertrauen in die ausgestellten Anmeldeinformationen bildet. Die Genauigkeit dieses Schritts variiert je nach Organisation, umfasst aber in der Regel die Vorlage mehrerer Ausweisdokumente, möglicherweise auch Hintergrundüberprüfungen. Richtlinien empfehlen beispielsweise die Vorlage zweier amtlicher Lichtbildausweise. Ziel ist es, Dokumente zu verwenden, die die Identität der Person zuverlässig nachweisen.

Bei sensibleren Positionen, insbesondere in staatlichen Stellen, können Fingerabdrücke zum Abgleich von Strafregistern und Militärunterlagen herangezogen werden. Hintergrundüberprüfungen, von strafrechtlichen bis hin zu umfassenderen Ermittlungen, sind ebenfalls üblich, um die Eignung der Person für die Position weiter zu bestätigen.

Nach Abschluss dieser Identitätsprüfungsschritte kann das Unternehmen die erforderlichen Anmeldeinformationen ausstellen und eine vertrauenswürdige Identität für den neuen Benutzer festlegen. Dieser sorgfältige Prozess gewährleistet einen sicheren und angemessenen Zugriff für alle Benutzer innerhalb des Systems.

AUTHENTIFIZIERUNG UND FAKTOREN

Nachdem Sie Ihre Identität mit einem System nachgewiesen haben, besteht der nächste Schritt darin, diese Behauptung durch Authentifizierung zu untermauern. Digitale Plattformen bieten verschiedene Methoden zur Authentifizierung der Benutzeridentität. Betrachten wir drei Hauptkategorien von Authentifizierungsfaktoren: wissensbasiert, biometrisch und besitzbasiert.

Die am weitesten verbreitete Form der Authentifizierung ist wissensbasiert und basiert üblicherweise auf einem Passwort, das sich der Benutzer merkt und während der Authentifizierungsphase eingibt. Es empfiehlt sich, sichere Passwörter zu erstellen, die eine lange Kombination aus Groß- und Kleinbuchstaben, Zahlen und Sonderzeichen enthalten. Eine praktische Strategie für ein sicheres Passwort ist die Verwendung einer Passphrase, die sowohl sicher als auch einprägsam ist. Beispielsweise erhöht die Konvertierung einer Phrase wie „Schokoladenüberzogene Erdbeeren sind köstlich" in ein Passwortformat dessen Stärke und bleibt gleichzeitig intuitiv.

Eine andere Form der wissensbasierten Authentifizierung umfasst Kennwortschlüssel, bei denen es sich um geheime Schlüssel handelt, die für die Systemzugriffskontrolle verwendet werden.

Bei der biometrischen Authentifizierung, die den Faktor „etwas, das Sie sind" darstellt, werden einzigartige physische Merkmale zur Überprüfung verwendet, beispielsweise Fingerabdrücke, Gesichtserkennung oder Stimmmuster.

Der Faktor „Etwas, das Sie haben" erfordert, dass der Benutzer über ein bestimmtes Gerät wie ein Smartphone oder ein Sicherheitstoken verfügt, um auf das System zugreifen zu können.

Über diese primären Faktoren hinaus können zusätzliche Methoden, sogenannte Authentifizierungsattribute, standortbasierte Authentifizierung, Verhaltensmuster (z. B. Tastenanschlagdynamik), persönliche Merkmale oder die Identifizierung durch Dritte umfassen. Diese Attribute werden jedoch oft als ergänzend angesehen und sollten am besten zusammen mit den Hauptauthentifizierungsfaktoren genutzt werden.

Es ist wichtig zu beachten, dass in der Cybersicherheits-Community die wichtigsten anerkannten Authentifizierungsfaktoren wissensbasiert, biometrisch und besitzbasiert sind. Die Wirksamkeit dieser Authentifizierungsmethoden wird anhand von Fehlerraten bewertet, einschließlich falscher Akzeptanz (unberechtigter Zugriff) und falscher Ablehnung (Verweigerung des Zugriffs für legitime Benutzer). Diese Fehler werden durch die Falschakzeptanzrate (FAR) bzw. die Falschrückweisungsrate (FRR) quantifiziert. Weder FAR noch FRR allein liefern ein umfassendes Maß für die Stärke einer Authentifizierungsmethode. Eine ausgewogene Metrik, die sogenannte Crossover-Fehlerrate (CER), gibt einen Punkt an, an dem FAR und FRR gleich sind und bietet so einen ganzheitlicheren Überblick über die Authentifizierungsgenauigkeit des Systems.

MULTIFAKTOR-AUTHENTIFIZIERUNG (MFA)

Die drei allgemein anerkannten Säulen der Authentifizierung bestehen aus wissensbasierten Faktoren (wie Passwörtern), inhärenten Faktoren (wie Biometrie, einschließlich Fingerabdrücken) und Besitzfaktoren (zum Beispiel einem Sicherheitstoken oder Smartphone). Jede Methode bietet für sich genommen ein gewisses Maß an Sicherheit, birgt aber auch Schwachstellen. Beispielsweise können Phishing-Betrügereien Passwörter kompromittieren, sodass sich Betrüger als legitime Benutzer ausgeben können. Ebenso können physische Token wie Smartcards verloren gehen oder gestohlen werden, was dem Finder möglicherweise unbefugten Zugriff ermöglicht.

Die effektivste Strategie zur Minderung dieser Schwachstellen ist die Integration mehrerer Authentifizierungsmethoden unterschiedlicher Kategorien, die sogenannte Multifaktor-Authentifizierung (MFA). Durch die Kombination beispielsweise eines Passworts (Wissensfaktor) mit einer Smartcard (Besitzfaktor) wird das Sicherheitssystem deutlich robuster. Selbst wenn es einem Eindringling gelingt, das Passwort zu knacken, wäre sein Zugriffsversuch ohne die Smartcard vereitelt. Ebenso reicht der Besitz der Smartcard allein nicht aus.

Dieser MFA-Ansatz könnte auch eine Kombination aus biometrischer Verifizierung (Inhärenzfaktor) und PIN (Wissensfaktor) umfassen. Dies erhöht die Sicherheit zusätzlich, da sowohl ein physischer Identitätsnachweis als auch ein auswendig gelernter Code erforderlich sind. Wichtig ist jedoch zu verstehen, dass echte MFA Elemente aus unterschiedlichen Kategorien erfordert. Die bloße Kombination zweier wissensbasierter Faktoren, wie beispielsweise eines Passworts und einer Sicherheitsfrage, stellt keine MFA dar, da beide demselben Faktortyp zugeordnet werden.

Bei der Implementierung von Sicherheitsmaßnahmen ist es wichtig, zwischen Kombinationen zu unterscheiden, die eine MFA darstellen und solchen, bei denen dies nicht der Fall ist. Außerdem muss sichergestellt werden, dass die ausgewählten Authentifizierungsmethoden verschiedene Faktortypen abdecken, um häufige Missverständnisse zu vermeiden und die Sicherheitswirksamkeit zu verbessern.

KENNWORTRICHTLINIEN

Passwörter spielen bei Authentifizierungsprozessen eine entscheidende Rolle, weshalb ihre Sicherheit oberste Priorität hat. Administratoren können Gruppenrichtlinienobjekte (GPOs) in Windows nutzen, um Benutzern sichere Passwortpraktiken aufzuzwingen. Solche Praktiken erhöhen die Passwortsicherheit und machen sie weniger anfällig für Erraten und Brute-Force-Angriffe.

Zu den wichtigsten Praktiken zur Kennwortsicherheit gehören:

1. **Mindestlängenanforderung**: Generell wird empfohlen, dass Passwörter mindestens acht Zeichen lang sind, viele Organisationen entscheiden sich jedoch aus Sicherheitsgründen für längere Passwörter.

2. **Komplexitätsanforderung**: Die Verwendung einer Kombination aus Großbuchstaben, Kleinbuchstaben, Zahlen und Sonderzeichen erhöht die Komplexität eines Passworts. Mit der Einführung der Multi-Faktor-Authentifizierung empfehlen die neuesten Richtlinien des NIST jedoch flexiblere Anforderungen an die Zeichenkomplexität und konzentrieren sich stattdessen auf die allgemeine Stärke und Einzigartigkeit von Passwörtern.

3. **Kennwortablauf und -verlauf**: Manche Organisationen setzen Richtlinien durch, die eine regelmäßige Passwortänderung, beispielsweise alle 90 Tage, vorschreiben, und verhindern die Wiederverwendung früherer Passwörter durch die Protokollierung des Passwortverlaufs. Aktuelle NIST-Richtlinien raten jedoch von obligatorischen Passwortänderungen ab, es sei denn, es besteht ein konkreter Bedarf. Die Passwortqualität hat Vorrang vor der Änderungshäufigkeit.

4. **Richtlinien zur Kontosperrung und Inaktivität**: Zum Schutz vor Brute-Force-Angriffen sind Richtlinien üblich, die Konten nach mehreren fehlgeschlagenen Anmeldeversuchen sperren. Darüber hinaus erhöht das Deaktivieren nicht genutzter Konten die Sicherheit, da potenzielle Angriffsmethoden reduziert werden.

5. **Passwort-Wiederherstellung**Automatisierte Passwortwiederherstellungssysteme, die häufig Sicherheitsfragen beinhalten, ermöglichen es Benutzern, ihre Passwörter selbstständig zurückzusetzen. Diese Funktion reduziert nicht nur den Arbeitsaufwand der IT-Abteilungen, sondern erhöht auch die Benutzerzufriedenheit durch eine schnelle Lösung von Zugriffsproblemen.

Die Implementierung dieser Kennwortrichtlinien in einer

Windows-Umgebung erfordert die Erstellung eines neuen Gruppenrichtlinienobjekts (GPO), beispielsweise „Kennwortrichtlinie", und die Konfiguration der entsprechenden Einstellungen im Gruppenrichtlinienverwaltungs-Editor. Einstellungen wie Mindestkennwortlänge, Kennwortverlauf, maximales und minimales Kennwortalter sowie Kennwortkomplexität können im Abschnitt „Kontorichtlinien" des GPO an die Sicherheitsstandards des Unternehmens angepasst werden. Diese Maßnahmen tragen gemeinsam zu einer robusten Sicherheitslage bei, indem sie sicherstellen, dass Kennwörter sicher sind und effektiv verwaltet werden.

ETWAS, DAS SIE HABEN

Eine gängige Methode zur Verbesserung von Sicherheitssystemen ist die Integration wissensbasierter Authentifizierung, wie Passwörter oder PINs, mit besitzbasierter Authentifizierung, beispielsweise einem physischen Sicherheitstoken. Dieser Abschnitt untersucht, wie besitzbasierte Authentifizierung effektiv implementiert werden kann.

Bisher wurden physische Token – kleine Hardwaregeräte, oft am Schlüsselbund befestigt – zur Authentifizierung des Besitzes eines Benutzers verwendet. Beim Zugriff auf ein System gab der Benutzer seinen Benutzernamen und sein Passwort (Wissensfaktor) ein, gefolgt von einem einzigartigen Code, der durch Drücken einer Taste auf seinem physischen Token (Besitzfaktor) generiert wurde. Damit war der Authentifizierungsprozess abgeschlossen. Obwohl dies effektiv war, führten der logistische und finanzielle Aufwand für die Verteilung und Verwaltung physischer Token für eine große Nutzerbasis sowie die Unbequemlichkeit des Mitführens dieser Geräte zum Umstieg auf Soft-Token-Lösungen.

Die Einführung von Smartphones hat den Weg für Soft-Token-Anwendungen wie den Google Authenticator geebnet, die zeitabhängige Codes (Einmalpasswörter oder OTPs) für den Authentifizierungsprozess generieren. Diese Soft-Token nutzen Algorithmen wie den HMAC-basierten Einmalpasswort-Algorithmus (HOTP), der Codes basierend auf einem Zähler und einem gemeinsamen Geheimnis generiert, und den zeitbasierten Einmalpasswort-Algorithmus (TOTP), der die aktuelle Uhrzeit und ein gemeinsames Geheimnis zur Erstellung temporärer Codes nutzt. Im Gegensatz zu HOTP, wo Codes bis zu ihrer Verwendung gültig bleiben, verfallen TOTP-Codes nach kurzer Zeit, was eine Synchronisierung der Zeit zwischen Token und Authentifizierungsserver erforderlich macht.

Neben tokenbasierten Methoden nutzen einige Systeme SMS-Nachrichten oder Telefonanrufe zur Besitzüberprüfung. Aufgrund von Schwachstellen im Zusammenhang mit der Rufnummernmitnahme, insbesondere bei VoIP-Diensten, wird diese Methode von Cybersicherheitsexperten jedoch oft als weniger sicher eingestuft.

Eine benutzerfreundliche Alternative sind Push-Benachrichtigungen, die an eine Smartphone-App gesendet werden und Authentifizierungsanfragen durch einfaches Tippen bestätigen oder ablehnen. Dies bietet Komfort, ohne die Sicherheit zu beeinträchtigen.

Für den Fall, dass Benutzer den Zugriff auf ihr primäres Authentifizierungsgerät verlieren, ermöglichen einige Multi-Faktor-Authentifizierungssysteme die Erstellung statischer Backup-Codes. Dadurch wird jedoch der Besitzfaktor im Wesentlichen wieder in einen Wissensfaktor umgewandelt. Daher ist es wichtig, den Benutzern die Bedeutung des Schutzes dieser Codes deutlich zu machen.

Smartcards mit eingebetteten Mikrochips stellen eine weitere hochentwickelte Form der besitzbasierten Authentifizierung dar. Diese Karten werden beispielsweise vom US-Verteidigungsministerium im Rahmen des Common Access Card (CAC)-Programms umfassend genutzt. Beim Einstecken in ein Lesegerät authentifizieren sie den Benutzerzugriff über die verifizierten Daten des Chips.

Die Integration physischer Token, Smartcards oder moderner Smartphone-basierter Lösungen als Besitzfaktor neben der wissensbasierten Authentifizierung erhöht die Sicherheit erheblich und erschwert den unbefugten Zugriff erheblich.

PASSWORTPROTOKOLLE

Die Sicherung von Fernzugriffstechnologien und virtuellen privaten Netzwerken basiert häufig auf Passwortsicherheitsprotokollen. Eines der ältesten Protokolle für diesen Zweck ist das Password Authentication Protocol (PAP). Bei PAP ist der Prozess unkompliziert: Ein Client sendet seinen Benutzernamen und sein Passwort direkt an den Server, der die Anmeldeinformationen anschließend überprüft. Obwohl PAP einfach ist, liegt sein größter Nachteil in der fehlenden Verschlüsselung. Dadurch sind die übertragenen Daten anfällig für Abhörmaßnahmen und sollten nur dann verwendet werden, wenn der Kommunikationskanal anderweitig verschlüsselt ist.

Eine sicherere Alternative, das Challenge Handshake Authentication Protocol (CHAP), behebt die Schwachstellen von PAP, indem es sicherstellt, dass das gemeinsame Geheimnis niemals das Netzwerk durchquert. CHAP basiert auf dem Prinzip, dass sowohl Client als auch Server ihre Kenntnis eines gemeinsamen Geheimnisses durch einen kryptografischen Challenge-Response-Mechanismus bestätigen, anstatt das Geheimnis selbst zu senden. Der Server leitet den Prozess ein, indem er dem Client eine eindeutige, zufällige Challenge sendet. Der Client kombiniert diese Challenge mit dem gemeinsamen Geheimnis, erstellt einen kryptografischen Hash und sendet diesen als Antwort zurück. Der Server führt dieselbe Hash-Berechnung durch. Stimmen die Ergebnisse überein, ist die Authentifizierung erfolgreich. Diese Methode verhindert, dass das eigentliche Geheimnis während des Authentifizierungsprozesses preisgegeben wird, was die Sicherheit deutlich erhöht.

Microsoft hat eigene CHAP-Varianten entwickelt: MS-CHAP und MS-CHAPv2. Trotz ihrer anfänglichen Verwendung wurden beide Versionen im Laufe der Zeit kompromittiert und gelten heute als unsicher für den Schutz der Fernzugriffskommunikation.

In unseren Ausführungen zu Zugriffskontrolle, einschließlich Authentifizierungsmechanismen wie dem Identitätsnachweis durch Wissen oder Besitz, taucht in diesem Text immer wieder eine kritische Schwachstelle auf: das Passwort oder die Passphrase. Dieser Aspekt der Authentifizierung, der vom Wissen des Benutzers abhängt, wird häufig zur Achillesferse von Sicherheitsmaßnahmen, da Menschen dazu neigen, Merkbarkeit der Komplexität vorzuziehen. Es ist bemerkenswert, dass ein erheblicher Anteil der Sicherheitsverletzungen bei Webanwendungen – etwa 89 % – auf den Diebstahl von Anmeldeinformationen zurückzuführen ist, was die Dringlichkeit unterstreicht, diese Schwachstelle zu beheben.

Um dieser Schwachstelle entgegenzuwirken, erweist sich die Multifaktor-Authentifizierung als robuste Lösung. Die Grundlage einer sicheren Zugriffskontrolle bildet jedoch die Passwortpraxis des Benutzers. Hier sind drei Strategien zur Verbesserung der Passwortsicherheit ohne Beeinträchtigung des Benutzerkomforts:

1. **Passphrasen übernehmen:**Statt komplexer, schwer zu merkender Passwörter empfehlen wir die Verwendung von Passphrasen. Dabei handelt es sich um längere, natürlichere Sätze oder Wortfolgen, die nicht nur leichter zu merken, sondern aufgrund ihrer Länge und Einzigartigkeit auch für Angreifer schwerer zu knacken sind. Beispiele für starke,

einprägsame Passphrasen sind beispielsweise „Mein einziger Salamander heißt Jake" oder „Ich esse fünf Tage die Woche Haferflocken".

2. **Nutzen Sie Passwort-Tresore:**Passwortmanager können die Passwortverwaltung erheblich vereinfachen, da sich Nutzer nur noch ein Master-Passwort merken müssen. Dieses dient als Schlüssel zu einem Tresor, in dem alle anderen Passwörter sicher gespeichert und verschlüsselt sind. Mit einer sicheren Passphrase, die diesen Tresor schützt, können Nutzer zahlreiche Passwörter sicher speichern. Beliebte Optionen sind LastPass, 1Password, Dashlane und Keeper. Viele dieser Dienste bieten mobile Apps für den Zugriff von unterwegs sowie kostenlose Versionen für die individuelle Nutzung. Es ist jedoch wichtig, ein einprägsames Master-Passwort zu wählen, da dessen Verlust dazu führen kann, dass der Tresor ausgesperrt wird.

3. **Nutzen Sie die passwortlose Authentifizierung:**Der Trend zu einer passwortlosen Zukunft gewinnt an Dynamik und bietet Alternativen wie Biometrie, Authentifizierungs-Apps oder FIDO2-Sicherheitsschlüssel anstelle herkömmlicher Passwörter. Bei diesem Ansatz wird ein gerätespezifischer privater Schlüssel erstellt, der bei der Anmeldung durch einen biometrischen Scan oder eine PIN entsperrt wird und den Benutzer ohne Passwort authentifiziert. Diese Methode kann selektiv für verschiedene Benutzergruppen und Geräte eingesetzt werden, sofern die Technologie unterstützt wird. Wichtig ist eine Wiederherstellungsoption für den Fall, dass der Zugriff auf das Gerät oder den Schlüssel verloren geht.

Die Integration von Passphrasen, Passwort-Tresoren und passwortloser Authentifizierung in Ihre Identitäts- und Zugriffsverwaltungsstrategie kann die Sicherheit deutlich erhöhen und gleichzeitig die Benutzerfreundlichkeit verbessern. Die Anwendung einer oder mehrerer dieser Methoden kann dazu beitragen, die mit Passwortschwachstellen verbundenen Risiken zu minimieren.

Mussten Sie schon einmal auf ein bestimmtes Verzeichnis oder eine Dateifreigabe in einer anderen Abteilung Ihres Unternehmens zugreifen? Wahrscheinlich fehlten Ihnen die erforderlichen Berechtigungen und Sie mussten sich an den IT-Support wenden, um Zugriff zu beantragen. Durch die Implementierung eines robusten Zugriffskontroll-Frameworks können Unternehmen ihre Sicherheit verbessern und gleichzeitig sicherstellen, dass alle Mitarbeiter über die entsprechenden Berechtigungen verfügen. Zugriffskontrolle umfasst die Entscheidung, ob Anfragen nach Zugriffsrechten genehmigt oder abgelehnt werden. Zur Verwaltung dieser Anfragen werden drei Haupt-Frameworks eingesetzt. Sehen wir uns diese Modelle und ihre Anwendungen genauer an.

Das erste Framework ist Mandatory Access Control (MAC), bekannt für seine strengen Sicherheitsmaßnahmen. In diesem System vergeben Administratoren Zugriffsrechte für Benutzer und Ressourcen. Das bedeutet, dass ein Benutzer nicht nur für einen bestimmten Bereich, sondern auch für einzelne Elemente darin, wie beispielsweise vertrauliche Dokumente, über eine Berechtigung verfügen muss. Behörden und Hochsicherheitsumgebungen setzen MAC aufgrund seiner strengen Anforderungen häufig ein. Für Benutzer, die zahlreiche Hürden für den Zugriff überwinden müssen, kann es jedoch eine Herausforderung darstellen. Dieses Modell empfiehlt sich vor allem für Umgebungen, in denen Sicherheit oberste Priorität hat.

Darüber hinaus gibt es die diskretionäre Zugriffskontrolle (DAC), bei der die Eigentümerschaft einer Ressource, beispielsweise eines Dokuments, den Zugriff bestimmt. Dieses Modell bietet die größte Freiheit, da Zugriffsentscheidungen dezentralisiert und von einzelnen Eigentümern oder Teams getroffen werden können. DAC bietet zwar Flexibilität, kann aber zu mangelnder Übersicht und standardisierten Kontrollen führen, was bei unzureichender Verwaltung zu einem übermäßig freizügigen Zugriff führen kann. Dieses Modell eignet sich für Unternehmen, die ihren Benutzern umfassende Kontrolle über den Zugriff gewähren möchten, erfordert jedoch eine sorgfältige Abwägung der Sicherheitsaspekte.

Zwischen der Starrheit von MAC und der Nachgiebigkeit von

DAC liegt die rollenbasierte Zugriffskontrolle (RBAC). Dieses Modell vergibt Berechtigungen basierend auf der Rolle eines Benutzers innerhalb der Organisation, z. B. als Buchhalter, und nicht auf seiner individuellen Identität. RBAC bietet einen ausgewogenen Rahmen, der ein gewisses Maß an Flexibilität bei gleichzeitiger strukturierter Zugriffskontrolle bietet. Es vereinfacht die Verwaltung für Administratoren und verbessert die Benutzerfreundlichkeit durch die automatische Zuweisung der erforderlichen Berechtigungen für eine Rolle. Es können jedoch Herausforderungen entstehen, wenn Benutzer Zugriff außerhalb ihrer zugewiesenen Rolle benötigen, was zusätzlichen Verwaltungsaufwand erfordert. RBAC ist besonders effektiv für Organisationen mit klar definierten Rollen.

Andere Modelle wie die attributbasierte Zugriffskontrolle (ABAC), die regelbasierte Zugriffskontrolle und die risikobasierte Zugriffskontrolle bieten alternative Strategien, werden aber seltener eingesetzt. Sie können eine Prüfung wert sein, wenn die primären Modelle nicht den spezifischen Anforderungen eines Unternehmens entsprechen.

Der Einsatz von Zugriffskontrollmodellen wie MAC, DAC oder RBAC ermöglicht Unternehmen eine präzise Kontrolle über Benutzer- und Ressourcenberechtigungen und sorgt so für einen sicheren und effizienten Workflow. Die Bewertung der Vorteile der einzelnen Modelle hilft dabei, den am besten geeigneten Ansatz für die Sicherheits- und Betriebsanforderungen Ihres Unternehmens zu finden.

RADIUS und TACACS

Organisationen benötigen häufig eine einheitliche Methode zur Verwaltung des Netzwerk- und Anwendungszugriffs, einschließlich Authentifizierung, Autorisierung und Abrechnung. Zwei Protokolle, RADIUS und TACACS, stellen diese zentralisierten Dienste für Unternehmen bereit. RADIUS, kurz für Remote Access Dial-In User Service, wurde ursprünglich in den 1980er und 1990er Jahren entwickelt, um Benutzer zu authentifizieren, die sich über DFÜ-Modemdienste verbinden. Es ermöglichte einem zentralen RADIUS-Server die Verwaltung der Authentifizierung und Abrechnung von Benutzern an verschiedenen Standorten. Trotz des Rückgangs der Nutzung von DFÜ-Modems ist RADIUS auch heute noch weit verbreitet und unterstützt die Authentifizierung für eine Vielzahl von Anwendungen. Beispielsweise initiiert ein Benutzer in einem drahtlosen Netzwerkszenario, der versucht, sich über einen drahtlosen Zugriffspunkt mit einem Netzwerk zu verbinden, einen RADIUS-Authentifizierungsprozess. Der Zugriffspunkt fungiert als RADIUS-Client und leitet die Authentifizierungsanfrage an einen RADIUS-Server weiter, der dann die Anmeldeinformationen des Benutzers mit einem externen Verzeichnisdienst überprüft. Basierend auf der Überprüfung gewährt oder verweigert der RADIUS-Server dem Benutzer den Zugriff. Während RADIUS traditionell die Kennwortauthentifizierung unterstützte, unterstützt es jetzt verschiedene Authentifizierungsmethoden.

Es ist wichtig, zwischen den Rollen von RADIUS-Clients und -Servern zu unterscheiden, insbesondere in Kontexten, in denen ein typischer Client (z. B. ein Anwendungsserver) als RADIUS-Client fungiert. RADIUS weist jedoch Einschränkungen auf, beispielsweise die Abhängigkeit vom weniger zuverlässigen User Datagram Protocol (UDP) und die Tatsache, dass nicht alle übertragenen Daten verschlüsselt werden, was zusätzliche Sicherheitsmaßnahmen erforderlich macht.

TACACS (Terminal Access Controller Access-Control System) bietet eine ähnliche Lösung wie RADIUS, hat sich jedoch in verschiedenen Versionen weiterentwickelt, darunter XTACACS und die heute am weitesten verbreitete Version TACACS+. Im Gegensatz zu seinen Vorgängern und RADIUS verwendet TACACS+ das Transmission Control Protocol (TCP) für eine zuverlässigere Kommunikation und verschlüsselt die gesamte Authentifizierungssitzung vollständig, was die Sicherheit erhöht.

Sowohl RADIUS als auch TACACS+ sind integraler Bestandteil der Zugangskontrollinfrastruktur zahlreicher Unternehmen weltweit und verfügen jeweils über ihre spezifischen Vorteile und Anwendungen.

KERBEROS

Kerberos ist ein weit verbreitetes Zugriffskontrollprotokoll zur Authentifizierung und Autorisierung von Benutzern auf Linux- und Windows-Systemen und bildet ein grundlegendes Element von Microsoft Active Directory. Es verwendet einen ticketbasierten Mechanismus, der es Benutzern ermöglicht, sich einmalig bei einer zentralen Stelle zu authentifizieren und anschließend mit den erteilten Tickets auf mehrere Dienste im Netzwerk zuzugreifen.

Im Kerberos-Protokoll beginnt der Authentifizierungsprozess damit, dass der Benutzer seine Anmeldeinformationen (Benutzername und Kennwort) über einen Kerberos-Client übermittelt. Der Client leitet diese Informationen im Klartext an einen Authentifizierungsserver (AS) weiter. Der AS gleicht die Anmeldeinformationen mit seiner Benutzerdatenbank ab und antwortet mit zwei verschlüsselten Nachrichten: Eine Nachricht enthält einen Sitzungsschlüssel für zukünftige Kommunikationen, der mit dem Kennwort des Benutzers verschlüsselt ist, und ein Ticket Granting Ticket (TGT), das mit einem nur dem Ticket Granting Server (TGS) bekannten Schlüssel verschlüsselt ist und die Clientdaten und den Sitzungsschlüssel enthält.

Nach der Entschlüsselung der ersten Nachricht mit seinem Passwort erhält der Benutzer den Sitzungsschlüssel. Um auf einen bestimmten Dienst zuzugreifen, sendet der Client eine Anfrage an das TGS, die das TGT und einen verschlüsselten Authentifikator enthält, der seine Identität bestätigt. Das TGS entschlüsselt das TGT, um den Sitzungsschlüssel wiederherzustellen, verwendet es zur Entschlüsselung des Authentifikators und generiert anschließend einen Client-Server-Sitzungsschlüssel für den angeforderten Dienst. Es sendet ein Client-Server-Ticket und den mit dem Sitzungsschlüssel des Clients verschlüsselten Sitzungsschlüssel zurück.

Der Client kontaktiert dann den gewünschten Dienst und stellt das Client-Server-Ticket sowie einen weiteren Authentifikator bereit, der mit dem neuen Sitzungsschlüssel verschlüsselt ist. Der Dienst entschlüsselt das Ticket, um den Sitzungsschlüssel zu erhalten. Dieser wird dann verwendet, um den Authentifikator zu entschlüsseln und den Client zu authentifizieren, wodurch Zugriff gewährt wird.

LDAP

Kerberos zu verstehen ist entscheidend. Darüber hinaus spielt das Lightweight Directory Access Protocol (LDAP) eine wichtige Rolle bei der Zugriffskontrolle, indem es den Austausch von Benutzer- und Autorisierungsinformationen im Netzwerk in einem standardisierten Format ermöglicht. Während Kerberos die Authentifizierung übernimmt, verwaltet LDAP die Abfrage von Verzeichnisinformationen. Beachten Sie, dass Kerberos typischerweise über TCP-Port 88 läuft, während LDAP TCP-Port 389 für unverschlüsselte und Port 636 für verschlüsselte Kommunikation nutzt.

LDAP basiert auf einem Anfrage-Antwort-Modell. Ein Client startet eine Sitzung, indem er sich mit einem LDAP-Server verbindet, üblicherweise über Port 389 für ungesicherte und Port 636 für SSL-gesicherte Verbindungen. Der Client sendet dann Anfragen an den Server, um verschiedene Operationen wie Suchen, Ändern, Hinzufügen oder Löschen von Einträgen auszuführen. Der LDAP-Server verarbeitet diese Anfragen anhand seiner Verzeichnisdaten und gibt die Ergebnisse an den Client zurück.

Benutzerauthentifizierung: Eine der häufigsten Anwendungen von LDAP ist die Benutzerauthentifizierung. LDAP kann Benutzernamen und Passwörter speichern, und Anwendungen können damit die Anmeldeinformationen eines Benutzers überprüfen. Beispielsweise kann ein Unternehmens-E-Mail-System LDAP verwenden, um Benutzer zu überprüfen, bevor ihnen Zugriff auf ihre E-Mail-Konten gewährt wird.

Verzeichnisdienste: LDAP kann verschiedene Informationen über Benutzer und Ressourcen innerhalb einer Organisation organisieren und lokalisieren. Beispielsweise kann ein LDAP-Verzeichnis verwendet werden, um Informationen zu allen Druckern eines Unternehmens zu speichern, sodass Benutzer das Verzeichnis abfragen können, um einen Drucker an einem bestimmten Standort zu finden.

Zentralisierte Benutzerverwaltung: LDAP ermöglicht die zentrale Verwaltung von Benutzerinformationen. Dies ist besonders in Umgebungen mit mehreren Systemen nützlich, die eine Zugriffskontrolle erfordern. Beispielsweise kann ein Unternehmen LDAP verwenden, um den Benutzerzugriff auf verschiedene Dienste wie E-Mail, interne Websites und Anwendungen zentral zu verwalten und sicherzustellen, dass Änderungen der Benutzerberechtigungen automatisch auf alle Systeme angewendet werden.

Beispielimplementierung: Microsoft Active Directory ist ein weit verbreiteter Verzeichnisdienst, der LDAP zur Abfrage und Verwaltung seiner Daten implementiert. Organisationen nutzen Active Directory häufig als zentrale Stelle zur Verwaltung von Benutzerkonten, Gruppen und Berechtigungen in Windows-basierten Netzwerken. Adressbücher: Viele E-Mail-Clients unterstützen LDAP für den Zugriff auf freigegebene Kontaktlisten. Beispielsweise könnte ein Unternehmen eine globale Adressliste auf einem LDAP-Server verwalten, sodass Mitarbeiter die Kontaktdaten von Kollegen direkt in ihrer E-Mail-Anwendung abrufen können.

LDAP spielt in modernen IT-Infrastrukturen eine entscheidende Rolle, da es die zentrale, strukturierte Speicherung und den Zugriff auf Informationen zu Netzwerkressourcen und Benutzern ermöglicht. Dank seiner Vielseitigkeit eignet es sich für eine Vielzahl von Anwendungen, von der Authentifizierung und Autorisierung bis hin zur Bereitstellung von Verzeichnisdiensten. Durch den Einsatz von LDAP können Unternehmen Zugriffskontroll- und Identitätsmanagementprozesse optimieren, die Sicherheit verbessern und den Verwaltungsaufwand reduzieren.

Eine weitere Technologie, die Sie kennen sollten, ist NT LAN Manager (NTLM), ein Vorgänger von Kerberos in Microsoft-Umgebungen. NTLM basiert auf einem Challenge-Response-Authentifizierungsmechanismus und wurde wegen seiner schwächeren Verschlüsselungsstandards und der Anfälligkeit für „Pass-the-Hash"-Angriffe kritisiert. Obwohl NTLM aus Gründen der Abwärtskompatibilität weiterhin verwendet wird, rät Microsoft von seiner Verwendung ab und bevorzugt sicherere Protokolle wie Kerberos.

SAML

Im Bereich der modernen Webauthentifizierung ermöglicht die Security Assertion Markup Language (SAML) browserbasiertes Single Sign-On (SSO) über verschiedene Systeme hinweg. An einer SAML-Transaktion sind drei Hauptparteien beteiligt: der Auftraggeber (oder Endbenutzer), der Identitätsanbieter und der Dienstanbieter.

- Der Auftraggeber bezieht sich auf den Endbenutzer, der Zugriff auf einen Webdienst sucht.
- Der Identitätsanbieter ist die Stelle, die die Identität des Benutzers überprüft. In der Regel handelt es sich dabei um einen Arbeitgeber, eine Bildungseinrichtung oder einen anderen Kontoaussteller. Er erstellt, pflegt und verwaltet Identitätsinformationen und stellt Authentifizierungsdienste für Anwendungen bereit. Er kann Single Sign-On bereitstellen und so den Zugriff auf mehrere Ressourcen mit einer einzigen Anmeldung ermöglichen. Azure Active Directory ist ein Identitätsanbieter. Sogenannte Relying-Party-Anwendungen, wie Webanwendungen oder mobile Apps, können die Benutzerauthentifizierung an einen vertrauenswürdigen Identitätsanbieter wie Azure Active Directory auslagern.
- Der Dienstanbieter ist der Webdienst, auf den der Benutzer zugreifen möchte.

Der Prozess für webbasiertes SSO mit SAML läuft wie folgt ab:

Zunächst fordert der Auftraggeber Zugriff auf eine vom Dienstanbieter gehostete Ressource an. Besteht bereits eine aktive Sitzung, überspringt das System weitere Prüfungen und gewährt den Zugriff. Ist der Benutzer jedoch nicht angemeldet, leitet ihn der Dienstanbieter zum SSO-Dienst des Identitätsanbieters weiter. Dort versucht der Benutzer, sich mit Anmeldeinformationen oder einer anderen Authentifizierungsform anzumelden, die vom Identitätsanbieter validiert werden muss.

Nach erfolgreicher Authentifizierung generiert der Identitätsanbieter ein auf den jeweiligen Dienstanbieter zugeschnittenes XHTML-Formular. Der Benutzer verwendet dieses Formular, um vom Dienstanbieter eine Sicherheitsbestätigung anzufordern, die einen Identitätsnachweis des Identitätsanbieters enthält. Der Dienstanbieter wertet diese Anfrage aus, erstellt einen Sicherheitskontext für den Dienst und leitet den Benutzer entsprechend weiter. Anschließend stellt der Benutzer eine letzte Anfrage für die gewünschte Ressource, die mit der Gewährung des Zugriffs erfüllt wird.

Dieser Mechanismus bietet zwei wesentliche Vorteile: Erstens profitiert der Benutzer nach der Authentifizierung durch den Identitätsanbieter von einer dauerhaften Sitzung für die vom Identitätsanbieter festgelegte Dauer. Dadurch entfallen wiederholte Anmeldungen und ein echtes SSO-Erlebnis. Zweitens kann der Dienstanbieter den Authentifizierungsprozess des Identitätsanbieters nutzen, ohne jemals auf das Passwort des Benutzers zugreifen zu müssen, das zwischen Benutzer und Identitätsanbieter vertraulich bleibt.

IDENTITÄT ALS SERVICE (IDAAS)

Zahlreiche Unternehmen setzen zunehmend auf Cloud-basierte Lösungen, um ihre vielfältigen geschäftlichen und technologischen Anforderungen zu erfüllen. Ein bemerkenswerter Trend in diese Richtung ist die Nutzung von Drittanbieterdiensten für das Identitäts- und Zugriffsmanagement (IAM). Identity-as-a-Service (IDaaS) ist ein Modell, bei dem Unternehmen ihre IAM-Funktionen an spezialisierte Anbieter auslagern und so den Bedarf an teuren IAM-Experten deutlich reduzieren können.

Ursprünglich konzentrierten sich IDaaS-Angebote auf die Bereitstellung unkomplizierter Single Sign-On (SSO)-Funktionen für verschiedene webbasierte Anwendungen, die als Service angeboten wurden. Diese IDaaS-Lösungen sind so konzipiert, dass sie nahtlos mit zwei Hauptsystemtypen zusammenarbeiten und so die IAM-Funktionen eines Unternehmens verbessern. Erstens verbinden sie sich mit den bestehenden Verzeichnisdiensten eines Unternehmens, um auf Benutzerinformationen und Identitätsattribute zuzugreifen. Dies gewährleistet eine Echtzeitsynchronisierung für eine schnelle Benutzerbereitstellung und -aufhebung. Dies kann sowohl mit traditionellen lokalen Verzeichnissen wie Active Directory oder LDAP als auch mit Cloud-basierten Verzeichnissen wie der G Suite von Google erreicht werden.

Zweitens lassen sich IDaaS-Plattformen in zahlreiche Software-as-a-Service (SaaS)-Anwendungen integrieren und übernehmen deren Authentifizierungsprozesse. Diese Integration entlastet Unternehmen von der Verwaltung mehrerer Benutzerkonten auf diesen Plattformen und macht die Entwicklung und Pflege eigener Integrationen überflüssig. Beispielsweise unterstützt OneLogin, ein wichtiger Akteur in diesem Bereich, eine Reihe von Drittanbieterdiensten, sodass Unternehmen OneLogin problemlos zur Authentifizierung bei diesen Diensten über föderierte Identitäten nutzen können.

Darüber hinaus erweitern IDaaS-Anbieter ihr Angebot um Multi-Faktor-Authentifizierungslösungen (MFA). So können Unternehmen problemlos eine zusätzliche Sicherheitsebene für ihre Anwendungen implementieren, ohne ihre bestehende Infrastruktur ändern zu müssen. Neben Cloud-Anwendungen werden IDaaS-Dienste nun auch auf lokale Legacy-Anwendungen und Hybridumgebungen ausgeweitet, wodurch ihre Anwendbarkeit erweitert wird.

Für Unternehmen, die IDaaS in Betracht ziehen, ist es entscheidend, sicherzustellen, dass die gewählte Lösung ihren spezifischen IAM-Anforderungen entspricht und alle erforderlichen Dienste unterstützt. Darüber hinaus ist eine gründliche Sicherheitsbewertung unerlässlich, um sicherzustellen, dass der

Anbieter kritische Authentifizierungs- und Identitätsmanagementfunktionen sicher verwalten kann.

OAUTH UND OPENID CONNECT

OAuth und OpenID Connect sind grundlegende Protokolle, die föderiertes Single-Sign-On im gesamten Web ermöglichen und von vielen für den Zugriff auf Dienste wie LinkedIn, Google, Facebook, Amazon und andere genutzt werden. Diese Protokolle ermöglichen es Benutzern, sich für die Authentifizierung auf verschiedenen Plattformen auf einen einzigen Identitätsanbieter zu verlassen, was den Anmeldevorgang vereinfacht.

Stellen Sie sich beispielsweise vor, Sie navigieren zu einer Homepage und sehen dort mehrere Anmeldeoptionen. Eine davon bietet möglicherweise die Möglichkeit, sich über Ihr Facebook-Konto anzumelden. Wenn Sie diese Option wählen, werden Sie auf eine Facebook-Authentifizierungsseite weitergeleitet, die sich deutlich außerhalb der aktuellen Domain befindet, wie die URL zeigt. Diese Weiterleitung mit dem Zusatz „OAuth" in der URL weist auf einen OAuth-Authentifizierungsprozess hin. Nachdem Sie sich mit Ihren LinkedIn-Anmeldedaten angemeldet und zusätzliche Sicherheitsmaßnahmen wie die Zwei-Faktor-Authentifizierung durchgeführt haben, werden Sie nahtlos zurück zur aktuellen Website geleitet. Sie sind nun angemeldet und können auf Ihr Profil zugreifen – alles mit Ihren Facebook-Anmeldedaten.

Es ist wichtig, zwischen OAuth und OpenID Connect zu unterscheiden. OAuth ist in erster Linie ein Autorisierungsprotokoll, das Berechtigungen zwischen Diensten ohne direkte Authentifizierung ermöglicht. Dies führt oft zu Verwirrung, da „Auth" in OAuth für Autorisierung und nicht für Authentifizierung steht. Es ermöglicht einem Dienst den Zugriff auf Ihre Informationen eines anderen Dienstes, wobei die Berechtigungen während des Vorgangs explizit festgelegt werden.

OpenID Connect hingegen setzt zur Authentifizierung auf OAuth und ermöglicht es Diensten, die Identität von Benutzern zu überprüfen. Dieser mehrschichtige Ansatz stellt sicher, dass sich

Benutzer mit einem einzigen Satz an Anmeldeinformationen sicher und effizient über verschiedene Webdienste hinweg authentifizieren können.

Das Verständnis dieser Protokolle ist für alle, die mit Identitätsanbietern arbeiten oder Dienste nutzen, die diese nutzen, unerlässlich. Auch für diejenigen, die nicht direkt mit OAuth oder OpenID Connect zu tun haben, ist ein solides Verständnis ihrer Funktionsweise unerlässlich, um fundierte Sicherheitsempfehlungen für den Informationsaustausch mit Dienstanbietern geben zu können.

ZERTIFIKATSBASIERTE AUTHENTIFIZIERUNG

Digitale Zertifikate dienen zur Authentifizierung von Serververbindungen über SSH, zur Aktivierung von Smartcards und zur Beschränkung des Netzwerkzugriffs auf bestimmte Geräte. Die Verwendung digitaler Zertifikate zur Authentifizierung umfasst die Generierung von Zertifikaten, ähnlich denen zur Sicherung von Websites. Ziel ist es, Dritten einen überprüfbaren öffentlichen Schlüssel anzubieten und gleichzeitig den zugehörigen privaten Schlüssel vertraulich zu behandeln. Dadurch wird Ihr Eigentum am öffentlichen Schlüssel bestätigt.

Bei der Untersuchung der schlüsselbasierten Authentifizierung für den Serverzugriff beginnt der Prozess mit der Generierung eines öffentlich-privaten Schlüsselpaars. Der private Schlüssel wird vertraulich behandelt und zur Authentifizierung an den Server übermittelt. Beim Anmeldeversuch gibt der Server eine zufällige Abfrage aus, die Sie mit Ihrem privaten Schlüssel verschlüsseln und an den Server zurücksenden. Der Server entschlüsselt diese Abfrage dann mit dem öffentlichen Schlüssel. Stimmt die Abfrage überein, bestätigt er Ihre Identität und gewährt Zugriff. Dies entspricht der Sicherheit eines sicheren Passworts, bietet jedoch den Vorteil der Automatisierung von Server-zu-Server-Verbindungen.

Zur Veranschaulichung richten Sie einen Linux-Server auf AWS ein. Nachdem Sie den Server erstellt und ein neues Schlüsselpaar für den SSH-Zugriff ausgewählt haben, laden Sie den Schlüssel auf Ihren Computer herunter. Sobald der Server läuft, versuchen Sie, sich per SSH unter Angabe der privaten Schlüsseldatei zu verbinden. Möglicherweise wird zunächst eine Warnung über die unbekannte Authentizität des Servers angezeigt. Nach der Bestätigung wird der Serverschlüssel zu Ihren bekannten Hosts hinzugefügt, um zukünftige Verbindungen zu erleichtern. Sollte es ein Berechtigungsproblem mit der privaten Schlüsseldatei geben, können Sie die Dateiberechtigungen anpassen und den Zugriff auf den Benutzer beschränken, um dieses Problem zu beheben und eine reibungslose Verbindung zu ermöglichen.

Darüber hinaus erhöht die Integration einer Zertifizierungsstelle (CA) mit zertifikatsbasierter Authentifizierung die Sicherheit, indem nicht nur der Besitz des privaten Schlüssels, sondern auch die Identität des Inhabers validiert wird. Dieser Ansatz unterstützt Server-zu-Server-Verbindungen, PKI-fähige Smartcards wie die Common Access Card der US-Bundesregierung und Netzwerkauthentifizierungsstandards wie IEEE 802.1X und zeigt seine Vielseitigkeit und Sicherheitseffizienz in der digitalen Kommunikation.

IDENTITÄTSVERWALTUNG UND IDENTITÄTSANBIETER

In diesem Abschnitt haben wir uns damit befasst, wie die

Authentifizierung die Identität einer Person überprüft und die Autorisierung ihr Zugriff auf bestimmte Ressourcen gewährt. Für eine optimale Zugriffskontrolle müssen diese Komponenten effektiv zusammenarbeiten. Ein Identitätsanbieter (IDP) spielt eine zentrale Rolle bei der Authentifizierung Ihrer Sicherheitsmaßnahmen, während die Identitätsverwaltung den Autorisierungsprozess in Ihren Systemen überwacht. Lassen Sie uns die einzelnen Konzepte genauer betrachten.

Sie fragen sich vielleicht: Was genau ist ein Identitätsanbieter und welchen Nutzen hat er für Ihr Unternehmen? Im Grunde ist ein Identitätsanbieter ein Dienst, der die Identität Ihrer Benutzer bestätigt und sicherstellt, dass sie die sind, für die sie sich ausgeben. Dieser Verifizierungsprozess erhöht die Sicherheit Ihres Unternehmens – ein entscheidender Vorteil. Betrachten Sie einen Identitätsanbieter als Vermittler, der in Ihrem Namen mit dem Benutzer interagiert. Ein IDP übernimmt zahlreiche Funktionen für Sie und fungiert als zuverlässige Quelle für die Benutzerauthentifizierung. Er ist für die Erstellung, Pflege und Verwaltung der in Ihrem Unternehmen verwendeten Identitäten verantwortlich.

Die Authentifizierung über einen IDP ist ein klar definierter Prozess. Zunächst beantragt ein Benutzer Zugriff, typischerweise durch Eingabe von Benutzername und Passwort. Der IDP überprüft den Benutzer anschließend anhand seiner Datenbank, um sicherzustellen, dass die Anmeldeinformationen korrekt sind. Anschließend stellt er dem Benutzer ein Token als Nachweis für seinen Authentifizierungsstatus aus.

Nach der Authentifizierung kommt Identity Governance ins Spiel, um den Benutzern den entsprechenden Zugriff zuzuweisen und zu verwalten. Dabei wird Identity Governance Administration (IGA)-Technologie eingesetzt, um die Zugriffsverwaltung zu zentralisieren. Sobald ein Benutzer authentifiziert ist, überprüft Identity Governance dies anhand des vom IDP ausgestellten Tokens und ermöglicht so den Zugriff auf die zugewiesenen Ressourcen.

Zur Veranschaulichung: John besitzt zwei Immobilien und möchte seine Stromrechnungen online einsehen. Nach Eingabe seiner Anmeldedaten auf der Website des Versorgungsunternehmens bestätigt der IDP Johns Identität und stellt ihm ein Token aus. Das Identity-Governance-System validiert dieses Token, greift auf die Aufzeichnungen des Versorgungsunternehmens zu, um Johns zwei Immobilien zu finden, und stellt die Rechnungsdaten für beide bereit, ohne dabei unverbundene Kontoinformationen preiszugeben.

Für Unternehmen ist es entscheidend sicherzustellen, dass nur Personen mit berechtigtem Zugriff auf ihre digitale Umgebung zugreifen können. Die Nutzung eines Identitätsanbieters zur Authentifizierung, gepaart mit einem Identity-Governance-System für das Zugriffsmanagement, stellt eine effektive Strategie für das Benutzermanagement dar. Interessierte können sich die verschiedenen Identity-Provider- und Identity-Governance-Lösungen genauer ansehen und so zusätzliche Einblicke gewinnen.

EINMALIGES ANMELDEN (SSO)

Single Sign-On, in Technologiebranchen oft als SSO abgekürzt, verkörpert ein einfaches Konzept. Es ermöglicht Nutzern, sich einmal anzumelden und auf mehrere Dienste wie E-Mail-Plattformen oder Spesenmanagementsysteme zuzugreifen. SSO bietet sowohl für die Verwaltung von Identitätssystemen als auch für die Endnutzer selbst erhebliche Vorteile. Für Nutzer ist SSO unbestreitbar attraktiv, selbst wenn sie mit dem Begriff nicht vertraut sind. Die einmalige Eingabe der Anmeldedaten für die Navigation durch mehrere Dienste vereinfacht die Benutzererfahrung erheblich. Dieser einfache Zugriff kann zu mehr Effizienz führen, insbesondere für diejenigen, die regelmäßig mit mehreren Systemen oder Ressourcen interagieren. Ich persönlich schätze den Komfort, mich nur einmal täglich anmelden zu müssen.

Ein weiterer großer Vorteil von Single Sign-On ist die Verringerung der Passwortmüdigkeit. Für Benutzer, die auf zahlreiche Ressourcen zugreifen müssen, kann es schwierig und zeitaufwändig sein, sich verschiedene Passwörter zu merken. Mit SSO fördert die Notwendigkeit, sich nur ein sicheres Passwort merken zu müssen, die Erstellung stärkerer und sicherer Passwörter, anstatt einfachere, möglicherweise wiederholte Passwörter für verschiedene Systeme zu verwenden. Die gängige Praxis, leicht zu erratende Passwörter zu verwenden oder sie sogar aufzuschreiben, setzt vertrauliche Informationen unbefugten Zugriffen aus.

Aus administrativer Sicht vereinfacht Single Sign-On den Authentifizierungsprozess. Die Implementierung eines einheitlichen Authentifizierungsverfahrens für verschiedene Dienste mit einem einzigen Toolkit vereinfacht die Aufgaben der Administratoren erheblich. Darüber hinaus erhöht SSO die allgemeine Netzwerksicherheit. Durch die Einrichtung einer eindeutigen Identität für jeden Benutzer über mehrere Systeme hinweg können Administratoren den Zugriff auf alle zugehörigen Ressourcen effizient widerrufen, indem sie beim Ausscheiden eines Benutzers aus dem Unternehmen einfach ein einzelnes Konto deaktivieren. Laut meinem IT-Kollegen ist diese Funktion für die Verwaltung des Systemzugriffs enorm nützlich.

Für diejenigen, die sich mit IT-Fachbegriffen nicht auskennen: Die Funktionsweise von Single Sign-On ist recht einfach. Der SSO-Mechanismus basiert auf der Zusammenarbeit zwischen einem Dienstanbieter und einem bereits erwähnten vertrauenswürdigen Identitätsanbieter. Versucht ein Nutzer, auf eine Anwendung oder Website zuzugreifen, leitet er den Vorgang mit der Eingabe seines Benutzernamens ein. Der Dienstanbieter fordert anschließend eine Authentifizierung vom Identitätsanbieter an. Nach erfolgreicher Authentifizierung stellt dieser ein Token aus, das die Anmeldeinformationen des Nutzers validiert und den Zugriff gewährt. Bemerkenswert ist, dass dieses Authentifizierungstoken den Nutzer über verschiedene Dienste hinweg begleiten kann, sofern diese die Token-Weiterleitung unterstützen. Ihre IT-Abteilung kann Ihnen hierzu gerne weitere Informationen geben.

Ein anschauliches Beispiel für SSO in der Praxis ist die Verwendung von Facebook-Anmeldedaten zur Anmeldung bei verschiedenen Websites wie Airbnb oder Spotify. Diese Lösung ermöglicht die Verwendung eines einzigen Satzes von Anmeldedaten für über 150.000 Websites, wodurch mehrere Benutzernamen und Passwörter überflüssig werden. Single Sign-On vereinfacht nicht nur den Zugriff für Benutzer, sondern erhöht auch die Sicherheit für Dienstanbieter und stellt damit einen universellen Vorteil für alle

Beteiligten dar.

GENEHMIGUNG

Die Autorisierung markiert den abschließenden Schritt, einem Benutzer Zugriff auf eine bestimmte Ressource zu gewähren. Nach einem erfolgreichen Authentifizierungsprozess innerhalb eines Systems legt die Autorisierung die spezifischen Berechtigungen fest, die dem Benutzer für den Zugriff auf Ressourcen und Informationen innerhalb dieses Systems gewährt werden. Es gibt verschiedene Autorisierungsmethoden, die in diesem Buch näher erläutert werden. Lassen Sie uns zunächst zwei übergreifende Grundsätze der Autorisierung näher betrachten, die für die Gewährleistung robuster Sicherheit entscheidend sind.

Das erste Prinzip, das wir untersuchen, ist das Konzept der geringsten Privilegien. Dieses Prinzip besagt, dass Einzelpersonen nur die absolut notwendigen Berechtigungen für die Ausführung ihrer Aufgaben erteilt werden. Das Prinzip der geringsten Privilegien ist aus zwei Hauptgründen von entscheidender Bedeutung. Erstens mindert es den potenziellen Schaden durch Insider-Bedrohungen. Sollte ein Mitarbeiter böswillig handeln, bleibt der Schaden, den er anrichten kann, auf die seiner Rolle entsprechenden Berechtigungen beschränkt. Beispielsweise ist es unwahrscheinlich, dass ein Buchhalter die Website eines Unternehmens manipulieren kann, da die Verwaltung von Webinhalten nicht in seinen Zuständigkeitsbereich fällt. Zweitens schränkt das Prinzip der geringsten Privilegien die Möglichkeit externer Angreifer ein, nach der Kompromittierung des Kontos eines Mitarbeiters schnell erweiterte Zugriffsrechte zu erlangen. Sofern es dem Angreifer nicht gelingt, in ein Administratorkonto einzudringen, sind seine Aktionen durch die Berechtigungen des kompromittierten Kontos eingeschränkt.

Das zweite Grundprinzip ist die Funktionstrennung. Dieses Prinzip sieht die Beteiligung von mindestens zwei Personen an der Ausführung sensibler Geschäftsfunktionen vor. Diese Maßnahme dient dazu, die Wahrscheinlichkeit betrügerischer Aktivitäten zu verringern, da sie die Zusammenarbeit mehrerer Mitarbeiter zur Begehung von Betrugsfällen erfordert. Ein anschauliches Beispiel für die Funktionstrennung findet sich in der Buchhaltung, wo die Befugnis zur Erstellung neuer Lieferantenkonten und zur Ausführung von Zahlungen getrennt ist, um potenzielle Betrugsmaschen zu verhindern.

Unternehmen müssen wachsam gegen die Ausweitung von Berechtigungen bleiben und gleichzeitig die Prinzipien der geringsten Privilegien und der Aufgabentrennung einhalten. Zu einer Ausweitung von Berechtigungen kommt es, wenn Benutzer zwischen Rollen wechseln und zusätzliche Berechtigungen im Zusammenhang mit ihren neuen Aufgaben erhalten, während sie die Berechtigungen ihrer vorherigen Positionen behalten. Im Laufe der Zeit können Mitarbeiter, die innerhalb eines Unternehmens verschiedene Rollen übernehmen, durch diesen Prozess erhebliche Berechtigungen anhäufen.

Betrachten wir den Fall von Jane, die zunächst als Sachbearbeiterin in der Buchhaltungsabteilung arbeitet und für die Zahlungsabwicklung an Lieferanten zuständig ist. Nach ihrer Beförderung zur leitenden Buchhalterin übernimmt sie zusätzlich die Verantwortung für die Einrichtung neuer Lieferantenkonten, behält jedoch ihre bisherigen Berechtigungen. Folglich ist sie sowohl berechtigt, neue Lieferanten anzulegen als auch Zahlungen zu veranlassen, was sowohl gegen das Prinzip der geringsten Privilegien als auch gegen die Funktionstrennung verstößt.

Um die Prinzipien der geringsten Privilegien und der Funktionstrennung einzuhalten, sollten Unternehmen regelmäßige Kontenprüfungen durchführen. Diese Prüfungen können sowohl manuell als auch automatisiert erfolgen. Automatisierte Prozesse überprüfen, ob neu gewährte Berechtigungen den Anforderungen der Funktionstrennung entsprechen. Zusätzlich werden vierteljährliche Zugriffsüberprüfungen empfohlen, bei denen Manager die Berechtigungen der Mitarbeiter auf die Einhaltung des Prinzips der geringsten Privilegien überprüfen.

Die Aufrechterhaltung robuster Autorisierungssysteme ist eine zwingende Aufgabe für Sicherheitsexperten. Cybersicherheitsexperten sollten sich mit den Unterschieden zwischen dem Prinzip der geringsten Privilegien und der Funktionstrennung vertraut machen, um entsprechende Fragen effektiv beantworten zu können.

IDENTITÄTSROLLEN

Lassen Sie uns tiefer in den Bereich der Rollen und deren Zusammenhang mit Zugriffsberechtigungen eintauchen. Die Pflege eines umfassenden Rollenverzeichnisses und der zugehörigen Richtlinien, die die Zugriffsrechte innerhalb einer Organisation festlegen, ist für ein effektives Zugriffsmanagement von entscheidender Bedeutung. Ohne klar definierte Rollen müssten Administratoren die Anwendungsanforderungen und -gründe jedes Benutzers einzeln abfragen. Ebenso führen fehlende Richtlinien zu Unklarheiten bei der Festlegung von Zugriffsrechten.

Stellen Sie sich vor, bei Acme ist eine Stelle als Engineering Manager vakant. Es ist unerlässlich, jedem Mitarbeiter dieser Rolle schnell Zugriff auf die erforderlichen Anwendungen zu gewähren. Hier erweist sich Rollenmanagement als grundlegender Aspekt der Identitätsverwaltung. Rollen beschleunigen nicht nur die Zugriffsvergabe, sondern erleichtern auch die Zugriffsverwaltung auf Makroebene. So können Administratoren beispielsweise feststellen, welche Anwendungen von Führungskräften genutzt werden oder welche Positionen Zugriff auf GitHub-Repositories haben.

Denken Sie kurz über die Rollen in Ihrem Unternehmen nach. Welche Anwendungen sind für die Produktivität der jeweiligen Rolle unverzichtbar? Konzentrieren wir uns nun auf Richtlinien. Eine Richtlinie dient als Leitprinzip für den Schutz von Informationen und wird von einem Regelwerk begleitet, das bestimmte, auf die Richtlinie abgestimmte Maßnahmen erzwingt. Betrachten wir eine weit verbreitete Richtlinie namens Funktionstrennung (SOD). Sie befürwortet die Einführung von Kontrolle und Ausgleich, um zu verhindern, dass eine einzelne Person die alleinige Kontrolle über ein System oder einen Prozess hat.

Unsere Richtlinie ist nun implementiert. Um sie umzusetzen, formulieren wir eine Regel, die besagt, dass kein Benutzer gleichzeitig Zugriff auf die Lohn- und Finanzanwendungen haben darf. Diese Regel wird anschließend in das Identity-Governance-System integriert und kann dort bei Zugriffsanfragen oder automatischen Rollenzuweisungen durchgesetzt werden. Dieses Framework ermöglicht es Unternehmen, Regeln zu etablieren, die gesetzlichen Anforderungen oder internen Geschäftspraktiken entsprechen.

Zusammenfassend lässt sich sagen, dass die Synergie zwischen Richtlinien, Regeln und Rollen die Grundlage eines effektiven Governance-Systems bildet und sicherstellt, dass die Zugriffsverwaltung konform und optimiert ist.

Rollen vereinfachen die Verwaltung von Sicherheitsberechtigungen für Administratoren, indem sie verschiedene Berechtigungen in einzelnen Einheiten zusammenfassen und diese dann mehreren Benutzern zuweisen können. In der Windows-Umgebung geschieht dies typischerweise über Sicherheitsgruppen, was die Kontoverwaltung deutlich vereinfacht. Durch die Einführung von Rollen kann ein Benutzer, der einem Team hinzugefügt wird, schnell die entsprechende Rolle zugewiesen werden und erhält sofort die entsprechenden Berechtigungen für seine neue Position. Umgekehrt entzieht das Entfernen eines Benutzers aus einer Rolle diese Berechtigungen, was die Verwaltung der Benutzerzugriffsrechte vereinfacht.

Rollen lösen auch die Probleme, die mit der Verwendung unspezifischer, gemeinsam genutzter Konten verbunden sind. Anstatt ein einzelnes Konto für eine Abteilung zu erstellen – beispielsweise ein Konto für alle Personalmitarbeiter oder Rezeptionisten –, was den Prüfpfad erschwert und Passwortänderungen bei Personalwechsel erforderlich macht, ermöglichen Rollen individuelle Konten mit verwalteten Gruppenberechtigungen.

Zur Veranschaulichung betrachten wir die Einrichtung von Sicherheitsgruppen innerhalb eines Windows Servers für Abteilungen wie Personalwesen und Buchhaltung. Mit dem Tool „Active Directory-Benutzer und -Computer" kann ein Administrator ganz einfach für jede Abteilung eine neue Gruppe erstellen. Beispielsweise muss die Gruppe „Personalwesen" entsprechend benannt und als globale Sicherheitsgruppe ausgewiesen werden. Anschließend können Mitglieder, beispielsweise die Mitarbeiter Alice und Carol, zu dieser Gruppe hinzugefügt werden. Dieser Vorgang lässt sich für andere Abteilungen, beispielsweise „Buchhaltung", wiederholen, denen Mitarbeiter wie Bob und Tracy hinzugefügt werden können.

Sobald Gruppen eingerichtet sind, können Berechtigungen für abteilungsspezifische Ressourcen auf Gruppenebene verwaltet werden. Wenn beispielsweise ein Ordner mit dem Namen „Geheime Dokumente" nur für die Personalabteilung bestimmt ist, kann ein Administrator die Berechtigungen des Ordners so festlegen, dass die Gruppe „Personalwesen" volle Kontrolle erhält. Diese Methode stellt sicher, dass Berechtigungen dynamisch über die Gruppenmitgliedschaft verwaltet werden: Wenn ein neuer Mitarbeiter der Personalabteilung zur Gruppe hinzugefügt wird, erhält er Zugriff; wenn jemand aus der Gruppe entfernt wird, wird ihm der Zugriff entzogen.

Dieser Ansatz erhöht nicht nur die Sicherheit, da keine gemeinsamen generischen Konten mehr erforderlich sind, sondern vereinfacht auch den Verwaltungsaufwand, der mit der individuellen Verwaltung von Benutzerberechtigungen verbunden ist, und zeigt so die Effizienz und Effektivität der rollenbasierten Zugriffskontrolle.

PRIVILEGIERTE ZUGRIFFSVERWALTUNG (PAM)

Privilegierte Konten, wie sie beispielsweise von Systemingenieuren und Anwendungsadministratoren verwaltet werden, erfordern aufgrund ihres Zugriffs auf sensible Systeme zusätzliche Schutzmaßnahmen. Privileged Access Management (PAM)-Lösungen schützen diese Konten und überwachen die Aktionen privilegierter Benutzer mithilfe verschiedener Schlüsselfunktionen.

Ein wesentliches Merkmal von PAM-Lösungen ist die Passwortverwaltung, eine Methode zur sicheren Speicherung und Verwaltung des Zugriffs auf privilegierte Kontoanmeldeinformationen. Diese Tresore speichern Passwörter verschlüsselt und für Benutzer unzugänglich und generieren sie bei Bedarf für den einmaligen Zugriff. Dieser Ansatz sichert nicht nur die Passwörter, sondern stellt auch sicher, dass der Zugriff auf privilegierte Konten effektiv verfolgt und überprüft werden kann.

Eine weitere Komponente ist die Proxy-Weiterleitung von Benutzerbefehlen. Dadurch können Benutzer die Ausführung von Befehlen mit erhöhten Berechtigungen anfordern, ohne direkt auf das Zielsystem zugreifen zu müssen. Das PAM-System authentifiziert die Berechtigung des Benutzers für den Befehl und führt ihn anschließend in seinem Namen aus. So bleiben Sicherheit und Übersicht gewährleistet.

Eine verbesserte Überwachung ist ebenfalls entscheidend. PAM-Lösungen protokollieren jede Aktion innerhalb einer privilegierten Sitzung, um Verantwortlichkeit und Nachvollziehbarkeit zu gewährleisten. Diese detaillierte Aufzeichnung unterstützt gründliche Untersuchungen und Compliance-Prüfungen, indem sie genau nachverfolgt, was, von wem und wann getan wurde.

PAM-Lösungen unterstützen die routinemäßige Verwaltung von Konten, indem sie Passwortänderungen gemäß den Unternehmensrichtlinien automatisieren und so sicherstellen, dass Passwörter sicher und aktuell bleiben. Darüber hinaus integrieren sie Notfallzugriffsprotokolle, die in Ausnahmefällen direkten Systemzugriff ermöglichen, das Ereignis jedoch erfassen und nachfolgende Sicherheitsmaßnahmen wie die Passwortrotation gewährleisten.

Um das Risiko von Missbrauch oder Kompromittierung zu minimieren, befürworten die PAM-Prinzipien die Beschränkung von Administratorrechten auf das unbedingt Notwendige, unabhängig von der Rolle des Benutzers. Selbst hochrangige Administratoren sollten für alltägliche Aufgaben Standardbenutzerkonten verwenden und ihre Berechtigungen nur bei Bedarf erhöhen, beispielsweise durch die Verwendung des Befehls „sudo" in Linux-Umgebungen für bestimmte Verwaltungsaufgaben.

Ziel ist es, die Nutzung von Tools zur Rechteausweitung wie „sudo" auf diejenigen mit echten administrativen Anforderungen zu beschränken und so potenzielle Sicherheitsrisiken zu minimieren.

Durch die Implementierung dieser Praktiken können Unternehmen die mit dem privilegierten Kontozugriff verbundenen Risiken effektiv managen.

ZUGRIFFSANFRAGEN

Der Zugriffsanforderungsprozess ist im Wesentlichen der Mechanismus, durch den Benutzern, Systemen und Anwendungen der Zugriff auf Daten oder Ressourcen gestattet wird. Dieser Prozess umfasst in der Regel das Einholen von Genehmigungen, die Durchführung von Richtlinienprüfungen und manchmal sogar Sicherheitsüberprüfungen. Wird dieser Prozess nicht korrekt abgeschlossen, wird der Zugriff auf die gewünschten Daten oder Ressourcen verweigert. Wie beim Spiel „Simon sagt": Wer den Befehl nicht korrekt befolgt, erhält keinen Zugriff.

Darüber hinaus dienen Zugriffsanfragen als wichtige Prüfpfade. Sie ermöglichen es uns zu überwachen, welche Zugriffsberechtigungen wem wann erteilt wurden und wer sie autorisiert hat. Die Einhaltung von Vorschriften ist ein wichtiger Aspekt der Identitätsverwaltung. Beim Zugriff auf vertrauliche Daten oder Anwendungen ist es unerlässlich, die Art und Weise der Zugriffserteilung einschließlich aller damit verbundenen Genehmigungen zu dokumentieren.

Stellen Sie sich folgendes Szenario vor: Sie sind seit drei Monaten bei Acme und genießen alles an Ihrem neuen Unternehmen, einschließlich der schicken Acme-Tasse für Ihr Homeoffice. Ihr Chef weist Ihnen ein neues Projekt zu, für das Sie Zugriff auf bestimmte Anwendungen benötigen. Sie melden sich beim Acme Access Request-System an, suchen nach der benötigten Anwendung und reichen einen Antrag auf Zugriff ein. Sie geben eine Begründung an, in der Sie das Projekt, an dem Sie arbeiten, detailliert beschreiben und erklären, warum Sie Zugriff auf die Anwendung benötigen. Ihr Antrag wird dann zur Genehmigung an Ihren Vorgesetzten weitergeleitet. Nach Prüfung genehmigt Ihr Vorgesetzter den Antrag umgehend und liefert eine Begründung mit dem Zweck Ihres Zugriffs. Das System zeichnet alle Schritte auf, aktualisiert Ihre

Zugriffsberechtigungen und erstellt Ihr Konto im entsprechenden System. Sie sind nun bereit, Ihr neues Projekt zu starten.

Darüber hinaus verfügt Ihr Unternehmen über eine prüfbare Spur des Zugriffsanforderungsprozesses, in der dokumentiert wird, wer den Zugriff angefordert hat, wer ihn genehmigt hat und welche Begründungen dafür vorliegen.

OBLIGATORISCHE ZUGRIFFSKONTROLLE

Mandatory Access Control (MAC)-Systeme stellen die strengste Form von Zugriffskontrollmechanismen dar. In MAC-Systemen schränkt das Betriebssystem selbst die Berechtigungen von Benutzern und Prozessen hinsichtlich der Systemressourcen ein. Benutzer haben jedoch keine Möglichkeit, diese Berechtigungen direkt zu ändern. Daher sind MAC-Implementierungen selten in Produktionssystemen zu finden, außer in hochsicheren Umgebungen. Typischerweise manifestiert sich MAC als regelbasiertes Zugriffskontroll-Framework, bei dem Benutzer und Ressourcen unterschiedliche Bezeichnungen besitzen, was die Zugriffskontrollentscheidungen des Betriebssystems durch Labelvergleiche erleichtert.

Bevor wir uns mit einem Beispiel befassen, ist es wichtig, die Terminologie zu klären. Hier bezieht sich MAC speziell auf die obligatorische Zugriffskontrolle und das zugehörige Zugriffskontrollmodell. Diese Diskussion betrifft nicht das

Macintosh-Betriebssystem, das die obligatorische Zugriffskontrolle nicht unterstützt.

Im Kontext der US-Regierung werden häufig obligatorische Zugriffskontrollen zum Schutz vertraulicher Informationen eingesetzt. In diesem Rahmen erhalten sowohl Dokumente als auch Benutzer Klassifizierungsbezeichnungen. Dokumente können je nach Sensibilität als streng geheim, geheim oder vertraulich eingestuft werden, während Benutzer aufgrund ihrer Sicherheitsfreigaben und autorisierten Zugriffsebenen ähnlich gekennzeichnet werden.

Das obligatorische Zugriffskontrollsystem wertet diese Kennzeichnungen aus und gewährt Zugriffe basierend auf den Freigabestufen. Beispielsweise kann ein Benutzer mit der Freigabe „Geheim" auf Dokumente zugreifen, die als geheim oder niedriger eingestuft sind, während ihm der Zugriff auf streng geheime Dokumente aufgrund unzureichender Freigabe verweigert wird. Die am weitesten verbreitete Implementierung von MAC in einem Betriebssystem ist Security Enhanced Linux (SELinux). SELinux wurde in den 1990er Jahren von der US-amerikanischen National Security Agency (NSA) entwickelt und dient als Sicherheitsmodul des Linux-Kernels. Es ist in verschiedene Linux-Distributionen integriert, darunter Red Hat Enterprise Linux, CentOS und Fedora.

DISKRETIONÄRE ZUGRIFFSKONTROLLE DAC

Discretionary Access Control Systems (DAC-Systeme) bieten eine vielseitige Autorisierungsmethode und ermöglichen es Benutzern, anderen Benutzern Zugriffsrechte zuzuweisen. Besitzer von Dateien, Computern und anderen Ressourcen können Berechtigungen nach ihren Wünschen konfigurieren. DAC-Systeme sind aufgrund ihrer Flexibilität weit verbreitet und bieten Unternehmen wichtige Anpassungsmöglichkeiten. Stellen Sie sich vor, Benutzer in Ihrem Unternehmen könnten keine Dateiberechtigungen zuweisen, sodass bei jeder Zugriffsanfrage ein IT-Eingriff erforderlich wäre. Zweifellos würde eine solche Konfiguration erhebliche Komplexität mit sich bringen, nicht wahr?

Veranschaulichen wir ein System mit diskretionärem Zugriffsrecht anhand eines Beispiels. Angenommen, es gibt eine Datei mit Mitarbeiterinformationen, die von Jane, einer Personalanalystin, erstellt wurde, die vom Betriebssystem als Eigentümerin der Datei erkannt wird. Obwohl Jane Eigentümerin ist, hat sie die Datei auf Bobs Wunsch erstellt und möchte ihm dieselben Berechtigungen erteilen. Daher überträgt Jane Bob die volle Kontrolle über die Datei. Da sie Carols Bedarf an regelmäßigen Aktualisierungen erkennt, erteilt sie ihr Lese- und Schreibberechtigungen. Anschließend möchte Bob, dass seine Vorgesetzte Tracy die Datei einsehen, aber nicht ändern darf. Bob nutzt seine Vollzugriffsberechtigung und erteilt Tracy die entsprechenden Berechtigungen. Tracy und Carol haben jedoch nicht die Befugnis, diese Berechtigungen zu ändern, da sie weder Dateieigentümer noch Vollzugriffsrechte besitzen. Dieses Szenario veranschaulicht ein System mit diskretionärem Zugriffsrecht, bei dem sowohl Jane als auch Bob die Dateiberechtigungen nach Bedarf anpassen können.

Im Gegensatz dazu hätten Jane und Bob in einem Szenario mit obligatorischer Zugriffskontrolle nicht die Berechtigung, anderen Dateizugriff zu gewähren. Die Berechtigungen würden vom Betriebssystem basierend auf Dateiklassifizierungen vorgegeben. Das in Windows-Festplatten verwendete NTFS-Dateisystem-Zugriffskontrollmodell ist ein prominentes Beispiel für ein diskretionäres Zugriffskontrollsystem. Es ermöglicht Dateibesitzern, anderen Benutzern unterschiedliche Berechtigungen zuzuweisen. NTFS-Zugriffskontrolllisten werden in den folgenden Kapiteln näher erläutert.

ZUGRIFFSKONTROLLLISTEN (ACL)

In einem Discretionary Access Control (DAC)-System haben Ressourcenbesitzer die Befugnis, Berechtigungen für andere Systembenutzer festzulegen und anzupassen. Dateibesitzer verwalten Dateisystemberechtigungen durch die Erstellung von Zugriffskontrolllisten (ACLs). Diese enthalten im Wesentlichen eine Liste von Benutzernamen und die jedem Benutzer für eine bestimmte Ressource erteilten Berechtigungen. Angenommen, ich besitze eine Datei auf einem Computer, der von einem DAC-System verwaltet wird, und möchte anderen Benutzern Zugriff darauf gewähren. Ich könnte einem Benutzer die Berechtigung zum Bearbeiten der Datei erteilen, während einer größeren Benutzergruppe nur Leserechte gewährt werden. Jede dieser Entscheidungen erfordert einen Eintrag in der Zugriffskontrollliste.

Das von Windows verwendete NTFS-Dateisystem enthält Zugriffskontrolllisten, die es Benutzern ermöglichen, verschiedene Berechtigungen zu vergeben. „Vollzugriff" gewährt uneingeschränkten Zugriff auf Dateien und Ordner. Die Berechtigung „Lesen" ermöglicht das Anzeigen von Dateiinhalten, während „Lesen und Ausführen" über das bloße Lesen hinausgeht und die Ausführung ausführbarer Programme ermöglicht. Die Berechtigung „Schreiben" ermöglicht das Erstellen und Hinzufügen von Dateien, während „Ändern" das Löschen von Dateien umfasst und die Berechtigung „Lesen und Ausführen" beinhaltet, die in der Berechtigungsgruppe „Schreiben" fehlt.

Betrachten wir ein Beispiel: Wir haben eine Datei mit Mitarbeiterinformationen und möchten den Zugriff für vier Benutzer konfigurieren: Jane als Eigentümerin, Bob mit Vollzugriff, Tracy mit Lesezugriff und Carol mit Lese- und Schreibzugriff. Wir implementieren dies auf einem echten Windows-Server. Nach dem Öffnen der Dateieigenschaften und dem Navigieren zur Registerkarte „Sicherheit" legen wir Jane als Eigentümerin fest. Anschließend erteilen wir Jane explizit Vollzugriff. Anschließend wiederholen wir den Vorgang für Bob und stellen sicher, dass auch er Vollzugriff erhält. Tracy erhält nur Lesezugriff, Carol Lese- und Schreibberechtigung.

Der diskretionäre Charakter von DAC ermöglicht es Dateibesitzern oder Systemadministratoren, Berechtigungen nach eigenem Ermessen zu konfigurieren, ohne dass Änderungen an Dateiattributen oder Kontoregeln erforderlich sind. Dies unterstreicht die Flexibilität von DAC-Systemen, bei denen die Festlegung der gewünschten Berechtigungen beim Besitzer oder Administrator liegt.

Datenbanken verwenden verschiedene Authentifizierungs- und Autorisierungsmethoden, um die in ihnen gespeicherten sensiblen Daten zu schützen. Die Datenbankauthentifizierung weist Ähnlichkeiten mit zuvor besprochenen Konzepten auf. Benutzer können innerhalb der Datenbank eingerichtet werden und sich über Passwörter oder alternative Mechanismen authentifizieren. Die verfügbaren Authentifizierungstechnologien variieren je nach verwendeter Datenbankplattform. Microsoft SQL Server bietet beispielsweise drei Benutzerauthentifizierungsmodi: den SQL Server-Authentifizierungsmodus mit lokalen Benutzerkonten; den Windows-Authentifizierungsmodus mit Windows-Konten, die über das zugrunde liegende Betriebssystem verwaltet werden, möglicherweise über eine zentrale Authentifizierung wie Active Directory; und den gemischten Authentifizierungsmodus, der sowohl lokale als auch Windows-Konten unterstützt. Andere Datenbankplattformen verwenden möglicherweise ähnliche Authentifizierungsmethoden und kombinieren lokale Konten mit denen eines zentralen Authentifizierungssystems.

Die Datenbankautorisierung lässt sich über zwei Haupttechniken steuern. Erstens können Konten vordefinierten oder vom Administrator definierten Rollen zugewiesen werden, die jeweils mit spezifischen Berechtigungen verknüpft sind. Beispielsweise kann eine Rolle nur Lesezugriff auf die gesamte Datenbank gewähren, eine andere volle Administratorrechte und eine dritte eingeschränkte

Berechtigungen für die Backup-Verwaltung. Zweitens können einzelnen Konten fein abgestufte Zugriffsberechtigungen zugewiesen werden. Dies könnte bedeuten, einem Benutzer die Berechtigung zu erteilen, Objekte aus einer Tabelle auszuwählen und in eine andere einzufügen.

Obwohl dieses Buch nicht tief in die Besonderheiten der Datenbanksicherheit eintaucht, ist es wichtig, einige grundlegende Konzepte zu verstehen. Betrachten wir die Datenbankautorisierung in Microsoft SQL Server. In SQL Server Management Studio bin ich mit einem Datenbankserver verbunden. Um einen Benutzer, beispielsweise R. Smith, zur Systemadministratorrolle hinzuzufügen, navigiere ich zum Reiter „Serverrollen" im Ordner „Sicherheit". Hier kann ich vordefinierte Rollen, einschließlich „Sysadmin", anzeigen. Ein Klick auf „Sysadmin" und die Auswahl der Eigenschaften zeigen die aktuellen Rollenmitglieder an. Um einen neuen Benutzer hinzuzufügen, klicke ich auf „Hinzufügen", gebe den Namen oder das Konto des Benutzers ein, wähle es aus und klicke auf „OK".

Darüber hinaus können Berechtigungen für bestimmte Datenbanktabellen erteilt werden. Angenommen, ich möchte R. Smith erlauben, Datensätze in die Auftragstabelle der Vertriebsdatenbank einzufügen. Nach dem Wechsel zur entsprechenden Datenbank kann ich einen SQL-Befehl ausführen, der R. Smith die Einfügeberechtigung für die Auftragstabelle erteilt. Umgekehrt erfolgt das Entziehen von Berechtigungen nach einem ähnlichen Verfahren, wobei das Schlüsselwort „revoke" anstelle von „grant" verwendet wird.

Dieses Beispiel bietet einen Einblick in das Erteilen und Entziehen von Datenbankberechtigungen. Während Datenbankadministratoren mit diesen Konzepten bestens vertraut sind, benötigen Sicherheitsexperten ein grundlegendes Verständnis der Datenbankauthentifizierung und -autorisierung.

IMPLIZITE ABLEHNUNG

Das Prinzip der impliziten Zugriffsverweigerung, allgemein als „Standardverweigerung" bezeichnet, ist ein Grundpfeiler von

Zugriffskontrollsystemen. Es besagt, dass jede nicht ausdrücklich erlaubte Aktion verweigert werden muss. Fehlen bei einer Anfrage explizite Anweisungen, verweigert das System standardmäßig den Zugriff. Ein Paradebeispiel für dieses Prinzip sind Firewalls. Erhält eine Firewall eine Verbindungsanfrage, prüft sie zunächst ihre Regeln, um festzustellen, ob welche die Situation explizit behandeln. Wird eine passende Regel gefunden, führt die Firewall die darin angegebene Aktion aus. Fehlen jedoch explizite Anweisungen, blockiert die Firewall die Verbindungsanfrage.

Das Default-Deny-Prinzip ist für die Sicherheit, insbesondere bei Firewall-Konfigurationen, von großer Bedeutung. Die Kenntnis dieses Konzepts ist unerlässlich.

ROLLENBASIERTE ZUGRIFFSKONTROLLE (RBAC)

Systeme zur rollenbasierten Zugriffskontrolle (RBAC) optimieren das Berechtigungsmanagement, indem sie Berechtigungen nach Aufgabenbereichen statt nach einzelnen Benutzern gruppieren. Administratoren definieren aufgabenbezogene Rollen, weisen entsprechende Berechtigungen zu und weisen anschließend Benutzern diese Rollen zu. Dies erfordert zwar zusätzlichen Vorarbeit, vereinfacht aber spätere Verwaltungsaufgaben. Beim Onboarding eines neuen Benutzers müssen Administratoren keine expliziten Berechtigungen festlegen. Stattdessen weisen sie dem Benutzer die entsprechenden Rollen zu, die dann automatisch angewendet werden. Ebenso können Administratoren, wenn eine Benutzergruppe zusätzliche Berechtigungen benötigt, diese der entsprechenden Rolle zuweisen und so nahtlose Berechtigungsaktualisierungen für alle Rollenmitglieder gewährleisten.

RBAC ist entscheidend für die Verwaltung unternehmensweiter Zugriffskontrollen und stellt sicher, dass nur autorisierte Benutzer Zugriff auf bestimmte Daten oder Ressourcen haben. Dieser Ansatz vereinfacht die Zugriffsverwaltung und erhöht die Sicherheit, indem Berechtigungen Rollen statt einzelnen Benutzern zugewiesen werden. Dies erleichtert die Verwaltung umfangreicher Berechtigungen.

Grundprinzipien von RBAC

RBAC basiert auf den folgenden Grundprinzipien:

Rollen: Definieren Sie Zugriffsberechtigungen für die jeweiligen Aufgabenbereiche einer Organisation. Eine Rolle stellt eine Sammlung von Berechtigungen dar, die die für die diesen Rollen zugewiesenen Benutzer zulässigen Aktionen festlegen.

Benutzer: Einzelpersonen, denen eine oder mehrere Rollen zugewiesen sind und die dadurch die mit diesen Rollen verbundenen Berechtigungen erhalten.

Berechtigungen: Beschreibungen der zulässigen Vorgänge für eine Reihe von Ressourcen. Berechtigungen sind Rollen zugeordnet, und über diese Rollen erhalten Benutzer die Möglichkeit, bestimmte Aktionen auszuführen.

Sitzungen: Eine Zuordnung zwischen Benutzern und den aktivierten Rollen, denen sie angehören. Die Sitzung eines Benutzers bestimmt, welche Rollenberechtigungen aktuell für diesen Benutzer aktiv sind.

Vorteile von RBAC

Vereinfachte Verwaltung: Durch die Gruppierung von Berechtigungen in Rollen reduziert RBAC die Komplexität der Zuweisung und des Widerrufs von Berechtigungen für jeden einzelnen Benutzer.

Verbesserte Sicherheit und Compliance: RBAC hilft bei der Durchsetzung des Prinzips der geringsten Privilegien und der Aufgabentrennung, minimiert das Risiko eines unbefugten Zugriffs und erleichtert die Einhaltung gesetzlicher Anforderungen.

Skalierbarkeit: RBAC-Systeme sind hochgradig skalierbar und eignen sich daher für Organisationen jeder Größe. Mit dem Wachstum der Organisation können neue Rollen erstellt und Berechtigungen angepasst werden, ohne dass einzelne Benutzer direkt betroffen sind.

Effiziente Verwaltung: Änderungen der Aufgabenbereiche oder das Ausscheiden von Mitarbeitern können durch die Neuzuweisung von Rollen problemlos verwaltet werden, anstatt die Berechtigungen für jedes Benutzerkonto neu zu konfigurieren.

Beispiel 1: Gesundheitssektor

In einem Krankenhaus gibt es beispielsweise Rollen wie „Krankenschwester", „Arzt", „Techniker" und „Administrator". Jede Rolle hat Zugriff auf Patientenakten, jedoch mit unterschiedlichen Berechtigungsstufen. So können beispielsweise sowohl Ärzte als auch Krankenschwestern Patientenakten einsehen, aber nur Ärzte dürfen neue Akten hinzufügen oder bestehende ändern. Administratoren hingegen haben möglicherweise Zugriff auf die Finanz- und Betriebsdaten des Krankenhauses, jedoch nicht auf vertrauliche Patienteninformationen.

Beispiel 2: IT-Abteilung

In einer IT-Abteilung gibt es beispielsweise Rollen wie „Systemadministrator", „Netzwerktechniker", „Helpdesk-Techniker" und „IT-Manager". Systemadministratoren haben möglicherweise vollen Zugriff auf alle Systeme und Netzwerke, Netzwerktechniker nur auf die Netzwerkkonfigurationseinstellungen, Helpdesk-Techniker haben eingeschränkten Zugriff für die Fehlerbehebung und den Benutzersupport, und IT-Manager dürfen möglicherweise Systemprotokolle und Leistungsberichte einsehen, ohne die Systemkonfigurationen ändern zu können.

Beispiel 3: Bildungssektor

An einer Universität können Rollen wie „Student", „Dozent", „Abteilungsleiter" und „Registrator" definiert werden. Studierende können auf Kursmaterialien zugreifen und Aufgaben einreichen, Dozenten können Kursmaterialien veröffentlichen und Aufgaben benoten, Abteilungsleiter können Kursbeschreibungen genehmigen und auf Abteilungsberichte zugreifen, und Registratoren können Studentenunterlagen und Einschreibungsdaten verwalten.

RBAC ist ein leistungsstarker und flexibler Ansatz zur Zugriffskontrolle, der Berechtigungen an die Organisationsstruktur und -funktionen anpasst, die Verwaltung von Benutzerberechtigungen optimiert und die Sicherheit erhöht. Durch die Abstraktion von Berechtigungen in Rollen erreichen Organisationen eine organisiertere, sicherere und effizientere Zugriffskontrolle, die mit ihrem Wachstum und ihren Veränderungen skaliert.

ATTRIBUTZUGRIFFSKONTROLLE ABAC

Die attributbasierte Zugriffskontrolle (ABAC) bietet im Vergleich zu RBAC einen allgemeineren Ansatz. Anstatt Benutzer in vordefinierte Rollen zu gruppieren, ermöglicht ABAC Administratoren die Erstellung von Sicherheitsrichtlinien basierend auf Benutzer-, Objekt- und Kontextattributen. ABAC ermöglicht bedingte Zugriffsbeschränkungen und ermöglicht Richtlinien wie die Beschränkung des Zugriffs auf Gehaltsinformationen, bis die Führungskräfte Leistungserhöhungen beschlossen haben.

Die standortbasierte Zugriffskontrolle erweitert das Attributmodell, indem sie den physischen Standort eines Benutzers als Attribut berücksichtigt. Beispielsweise könnte eine Richtlinie den Datenzugriff nur von bestimmten physischen Standorten aus vorschreiben.

Zugriffskontrollrichtlinien können weitere Einschränkungen umfassen, darunter zeitliche Beschränkungen für den Systemzugriff außerhalb der Geschäftszeiten. Beispielsweise kann die Einschränkung des Systemzugriffs eines Benutzers abends und am Wochenende die mit unbeaufsichtigten Aktivitäten verbundenen Risiken mindern.

Die Implementierung von Tageszeitbeschränkungen in einer Windows Active Directory-Umgebung erfordert die Konfiguration von Anmeldezeiten für Benutzer. Durch die Definition spezifischer Zeiträume, in denen Benutzer auf das System zugreifen können, erhöhen Administratoren die Sicherheit, indem sie den Zugriff auf bestimmte Zeiträume beschränken.

Wie bei anderen Sicherheitsmaßnahmen sollten auch Zugriffskontrollen einem risikobasierten Ansatz folgen, wobei bei höheren Risiken strengere Standards gelten. Beispielsweise kann der Zugriff auf hochsensible Informationen strengere Authentifizierungsmaßnahmen erfordern.

Beispiel 1: Dynamischer Datenzugriff im Gesundheitswesen

In einer Anwendung im Gesundheitswesen kann der Zugriff auf Patientenakten anhand mehrerer Attribute gesteuert werden:

Benutzerattribute: Rolle (z. B. Arzt, Krankenschwester), Spezialisierung, Abteilung.

Ressourcenattribute: Art der Aufzeichnung (z. B. allgemeiner Gesundheitszustand, psychische Gesundheit), Sensibilitätsstufe.

Umgebungsattribute: Tageszeit, Zugangsort (vor Ort, außerhalb).

Eine Richtlinie könnte festlegen, dass Ärzte nur während der Arbeitszeiten (Umgebungsattribut) und beim Zugriff von Krankenhauscomputern (Umgebungsattribut) auf die Krankenakten (Ressourcenattribut) ihrer Patienten zugreifen können. Dies verhindert den Zugriff auf sensible Daten außerhalb der Arbeitszeiten oder von ungesicherten Standorten aus.

Beispiel 2: Zugriffskontrolle für Finanzdienstleistungen

In einem Bankensystem kann der Zugriff auf Finanzunterlagen und Transaktionsmöglichkeiten von folgenden Faktoren abhängen:

Benutzerattribute: Mitarbeiterrolle, Freigabestufe, Abteilung.

Ressourcenattribute: Transaktionstyp (z. B. Abhebung, Überweisung), Kontotyp (z. B. persönlich, geschäftlich), Transaktionsbetrag.

Umweltattribute: Transaktionsort (Inland, Ausland), Zeitpunkt der Transaktion.

Eine Richtlinie könnte so gestaltet werden, dass nur Mitarbeiter der Betrugsbekämpfungsabteilung (Benutzerattribut) internationale Überweisungen (Ressourcenattribut) über 10.000 US-Dollar (Ressourcenattribut) während der Geschäftszeiten (Umgebungsattribut) tätigen dürfen und dass eine mehrstufige Authentifizierung erforderlich ist, wenn die Überweisung von einer internationalen IP-Adresse (Umgebungsattribut) aus erfolgt.

Beispiel 3: Zugriff auf Bildungsinhalte

Auf einer Online-Lernplattform kann der Zugriff auf Bildungsinhalte auf Grundlage folgender Kriterien kontrolliert werden:

Benutzerattribute: Klassenstufe des Schülers, Kurseinschreibung, Alter.

Ressourcenattribute: Schwierigkeitsgrad des Inhalts, Voraussetzungen, Alterseignung.

Umgebungsattribute: Abonnementstatus (aktiv, inaktiv), Inhaltszugriffsverlauf.

Richtlinien könnten Studierenden beispielsweise nur Zugriff auf die Kurse (Ressourcenattribut) ermöglichen, für die sie angemeldet sind (Benutzerattribut) und die Voraussetzungen (Ressourcen- und Benutzerattribute) erfüllen. Darüber hinaus könnte Studierenden unter einem bestimmten Alter (Benutzerattribut) der Zugriff auf Inhalte, die für ältere Studierende (Ressourcenattribut) gekennzeichnet sind, unabhängig von ihrer Klassenstufe verwehrt werden.

Beispiel 4: Zugriff auf Unternehmensdokumente

Im Dokumentenverwaltungssystem eines Unternehmens können Dokumente mit Vertraulichkeitsstufen (z. B. öffentlich, vertraulich, geheim) gekennzeichnet werden, und Mitarbeitern können Attribute basierend auf ihrer Arbeitsfunktion, Projektzuweisungen und Sicherheitsstufe zugewiesen werden.

Benutzerattribute: Tätigkeitsbereich, Projektzuweisung, Freigabestufe. Ressourcenattribute: Vertraulichkeitsstufe des Dokuments, Projektzuordnung. Umgebungsattribute: Konformitätsstatus des Zugriffsgeräts, Standort.

Eine Richtlinie könnte Mitarbeitern (Benutzerattribut) den Zugriff auf Dokumente (Ressourcenattribut) im Zusammenhang mit ihren Projektzuweisungen (Benutzer- und Ressourcenattribute) nur dann gestatten, wenn ihr Gerät den Sicherheitsstandards entspricht (Umgebungsattribut) und sie von innerhalb des Unternehmensnetzwerks (Umgebungsattribut) zugreifen.

ABAC bietet ein flexibles und umfassendes Framework für die Zugriffskontrolle in IAM-Systemen und ermöglicht detaillierte Zugriffsentscheidungen auf Basis einer Vielzahl von Attributen. Dadurch können Unternehmen komplexe Zugriffskontrollrichtlinien implementieren, die ihren spezifischen Sicherheitsanforderungen und betrieblichen Kontexten besser gerecht werden.

ZERTIFIZIEREN DES BENUTZERZUGRIFFS

Ein grundlegender Aspekt von IAM besteht darin, sicherzustellen, dass die richtigen Personen zum richtigen Zeitpunkt und aus triftigen Gründen Zugriff auf die richtigen Ressourcen haben.

Zertifizierungskampagnen sind für IAM-Manager wichtige Instrumente, um Unternehmen die aktuell zugewiesenen Zugriffsebenen von Benutzern zu überprüfen. Bevor wir uns jedoch mit der Bedeutung von Zertifizierungen befassen, wollen wir zunächst untersuchen, was sie beinhalten.

Zertifizierungen sind Verfahren, mit denen Organisationen den ihren Benutzern gewährten Zugriff validieren. Diese Kampagnen werden typischerweise an Manager oder Systemverantwortliche delegiert, die die Benutzerzugriffsberechtigungen überprüfen und feststellen, ob sie noch relevant sind oder widerrufen werden sollten. Wenn Manager Zertifizierungen durchführen, besteht unsere Aufgabe als IAM-Manager darin, sie über die übergeordneten Ziele dieser Kampagnen und die zu prüfenden Aspekte zu informieren. Wir betonen beispielsweise die Wichtigkeit der Überprüfung der ihnen unterstellten Benutzer, da das Versäumnis dieses Schritts zu unbeabsichtigten Zugriffsvalidierungen führen kann, die in Zukunft Sicherheitsrisiken bergen können, insbesondere im Falle von Datenschutzverletzungen oder unerlaubten Kündigungen.

Zertifizierungen sind für IAM-Manager von großer Bedeutung, da wir trotz unserer Expertise nicht immer aus erster Hand wissen, welche Benutzer bestimmte Zugriffsrechte benötigen. Daher verlassen wir uns bei der Validierung von Zugriffsberechtigungen auf Manager, die mit den operativen Anforderungen ihrer Teams vertraut sind. Eine häufige Frage betrifft den Zeitpunkt von Zertifizierungskampagnen. Jährliche Bewertungen sind zwar Standard, branchenübliche Best Practices empfehlen jedoch eine vierteljährliche Durchführung, um zeitnahe Zugriffsvalidierungen zu gewährleisten.

Nachdem wir die Vorteile von Zertifizierungen besprochen haben, ist es wichtig, potenzielle Fallstricke zu berücksichtigen, vor denen IAM-Manager wachsam sein sollten. Ein Problem besteht darin, dass Manager Zugriffsrechte zertifizieren, die entweder zu technisch sind oder keinen geschäftlichen Kontext haben. Dies führt zu Verwirrung und möglichen Verzögerungen bei der Zertifizierung. Um dies zu vermeiden, kann die Zusammenarbeit mit Anwendungsverantwortlichen zur Vereinfachung der Berechtigungsnamen und zur Bereitstellung klarer Erklärungen ein besseres Verständnis für Manager ermöglichen.

Ein weiteres Problem entsteht, wenn Manager Zugriffe genehmigen oder verweigern, ohne die Auswirkungen zu verstehen. Um dies zu beheben, sollten IAM-Manager proaktiv mit Anwendungseigentümern zusammenarbeiten, um technische Berechtigungsnamen in geschäftsfreundliche Begriffe zu übersetzen. Dies unterstützt Manager bei fundierten Entscheidungen bei Zertifizierungen.

Schließlich stellt das Risiko einer Abnickung des Benutzerzugriffs eine erhebliche Herausforderung dar, insbesondere wenn Manager mit anderen Aufgaben überlastet sind. Die Aufteilung von Zertifizierungskampagnen in überschaubare Segmente und deren vierteljährliche Verteilung kann eine Überlastung der Manager verhindern und die Wahrscheinlichkeit einer Abnickung minimieren.

Zertifizierungskampagnen spielen im Wesentlichen eine zentrale Rolle im IAM-Management. Sie ermöglichen uns die Zusammenarbeit mit Managern, um sicherzustellen, dass Benutzer die entsprechenden Zugriffsrechte gemäß dem Prinzip der geringsten Privilegien behalten. Unser Ziel ist es, Managern das Verständnis von Zugriffsüberprüfungen zu erleichtern, indem wir Berechtigungen vereinfachen und Zertifizierungsprozesse optimieren, um die Sicherheit und Effizienz des Unternehmens zu gewährleisten.

TRENNUNG/AUFGABENTRENNUNG (SOD)

Funktionstrennung (SoD) ist ein grundlegendes Kontrollprinzip im Finanz- und IT-Bereich und entscheidend für die Minimierung des Risikos von Betrug, Fehlern und unbefugten Aktivitäten innerhalb eines Unternehmens. Im Kontext des Identity and Access Management (IAM) spielt SoD eine zentrale Rolle bei der Sicherstellung, dass die für die Ausführung und Autorisierung von Transaktionen erforderlichen Verantwortlichkeiten und Berechtigungen auf mehrere Personen oder Systeme verteilt werden. Diese Aufteilung soll einen einzelnen Ausfallpunkt oder Missbrauch verhindern und ist besonders wichtig in Bereichen, in denen sensible Daten, Finanztransaktionen und kritische Systemkonfigurationen verarbeitet werden.

Ziel von SoD in IAM

Das Hauptziel von SoD im IAM besteht darin, das Risiko interner Bedrohungen und Fehler zu reduzieren, indem sichergestellt wird, dass keine einzelne Person die Kontrolle über alle Aspekte kritischer Transaktionen oder Prozesse hat. Durch die erforderliche Zusammenarbeit bei kritischen Aufgaben trägt SoD dazu bei, Betrug, Datenschutzverletzungen und unbefugte Änderungen an Systemen oder Daten zu verhindern. Es spielt auch eine entscheidende Rolle bei der Einhaltung gesetzlicher Standards, die Kontrolle und Ausgleich innerhalb von Systemprozessen vorschreiben, wie z. B. Sarbanes-Oxley (SOX), Datenschutz-Grundverordnung (DSGVO) und andere.

Implementierungsstrategien

Die Implementierung von SoD in IAM umfasst mehrere Schlüsselstrategien:

1. **Rollendesign und Zugriffskontrolle**: Sorgfältige Gestaltung der Benutzerrollen, um eine angemessene Aufgabenverteilung sicherzustellen. Zugriffsrechte und Berechtigungen werden auf Grundlage dieser Rollen vergeben, sodass jeder Benutzer nur den für seine Aufgaben erforderlichen Zugriff hat.
2. **Kritische Transaktionskontrollen**: Identifizierung kritischer oder sensibler Transaktionen und Prozesse und Sicherstellung, dass für diese Aktionen mehrere Schritte oder Genehmigungen erforderlich sind. Dies kann Genehmigungsworkflows umfassen, bei denen verschiedene Personen für die Initiierung, Genehmigung und Prüfung von Transaktionen verantwortlich sind.
3. **Automatisierte Durchsetzung**: Nutzung von IAM-Systemen zur automatischen Durchsetzung von SoD-Richtlinien. Diese Systeme können Interessenkonflikte erkennen und verhindern, indem sie Benutzern die Ausführung widersprüchlicher Aufgaben oder den Zugriff auf bestimmte Ressourcenkombinationen untersagen.
4. **Regelmäßige Audits und Überprüfungen**: Durchführen regelmäßiger Überprüfungen und Audits der Zugriffsrechte, Rollen und Transaktionen, um sicherzustellen,

dass die SoD-Richtlinien eingehalten werden, und um etwaige Richtlinienverstöße oder Risikobereiche zu ermitteln.

Herausforderungen und Überlegungen

Die Implementierung von SoD in IAM bringt mehrere Herausforderungen mit sich:

- **Komplexität im Rollenmanagement**Mit dem Wachstum von Organisationen wird die Verwaltung von Rollen und Zugriffsrechten zunehmend komplexer. Um die Granularität der Rollen mit der Verwaltbarkeit in Einklang zu bringen und sicherzustellen, dass Benutzer den benötigten Zugriff erhalten, ohne gegen SoD-Richtlinien zu verstoßen, sind sorgfältige Planung und kontinuierliche Verwaltung erforderlich.
- **Dynamische Geschäftsanforderungen**: Organisationen müssen sich an veränderte Geschäftsanforderungen anpassen, was Änderungen an Rollen, Verantwortlichkeiten und Zugriffsanforderungen mit sich bringen kann. Die Einhaltung von SoD-Richtlinien unter diesen Bedingungen erfordert Flexibilität und einen dynamischen IAM-Ansatz.
- **Balance zwischen Sicherheit und Effizienz**: Zu strenge SoD-Richtlinien können den Geschäftsbetrieb behindern, indem sie Engpässe und Ineffizienzen verursachen. Es ist entscheidend, das richtige Gleichgewicht zwischen Sicherheit und betrieblicher Effizienz zu finden.
- **Compliance-Anforderungen**: In verschiedenen Branchen und Regionen können unterschiedliche Vorschriften für SoD gelten. Die Einhaltung aller relevanten Gesetze und Standards kann insbesondere für globale Unternehmen komplex sein.

Bewährte Methoden

Um SoD in IAM effektiv zu implementieren, sollten Unternehmen die folgenden Best Practices befolgen:

- **Verwenden Sie IAM-Tools**: Nutzen Sie IAM-Tools, die rollenbasierte Zugriffskontrolle (RBAC) und

Richtliniendurchsetzung unterstützen, um SoD-Kontrollen zu automatisieren.

- **Kontinuierliche Überwachung und Verbesserung**: Überwachen Sie regelmäßig SoD-Verstöße und passen Sie die Richtlinien nach Bedarf an, um auf neue Risiken oder Geschäftsänderungen zu reagieren.
- **Ausbilden und Trainieren**: Stellen Sie sicher, dass alle Beteiligten die Bedeutung von SoD verstehen und in den Richtlinien und Verfahren der Organisation geschult sind.
- **Zusammenarbeit mit Auditoren**: Arbeiten Sie eng mit internen und externen Prüfern zusammen, um sicherzustellen, dass die SoD-Kontrollen die Compliance-Anforderungen erfüllen und Risiken wirksam mindern.

Zusammenfassend lässt sich sagen, dass die Funktionstrennung ein entscheidender Bestandteil einer effektiven IAM-Strategie ist, der zum Schutz vor internen Bedrohungen beiträgt, die Compliance verbessert und die Integrität organisatorischer Prozesse und Daten schützt.

RECHENSCHAFTSPFLICHT

Zugriffskontrollsysteme sind entscheidend für die Aufrechterhaltung der Verantwortlichkeit innerhalb einer Organisation. Sie stellen sicher, dass jede auf einem System ausgeführte Aktion eindeutig einer bestimmten Person zugeordnet werden kann. Dadurch wird jegliche Unklarheit darüber beseitigt, wer für eine bestimmte Aktivität verantwortlich ist. Diese Klarheit ermöglicht es Administratoren, die Verantwortlichen zu identifizieren, und Einzelpersonen können ihre Beteiligung nicht abstreiten.

Um die Verantwortlichkeit aufrechtzuerhalten, müssen zwei wesentliche Elemente vorhanden sein, die beide für jedes wirksame Zugriffskontrollsystem von entscheidender Bedeutung sind:

1. **Identifikation**: Jeder Systembenutzer benötigt eine eindeutige Kennung, z. B. einen Benutzernamen, die ihn von anderen unterscheidet. Die Verwendung gemeinsamer, abteilungsbezogener oder allgemeiner Konten untergräbt dieses Prinzip, da sie individuelle Aktionen unter einer kollektiven Identität verschleiert. Diese Mehrdeutigkeit ermöglicht die potenzielle Verleugnung der Verantwortung, da Aktionen nicht einem einzelnen Benutzer zugeordnet werden können.

2. **Authentifizierung**: Es ist zwingend erforderlich, dass jedes Konto durch robuste Authentifizierungsmaßnahmen geschützt wird, um unbefugte Zugriffsversuche zu verhindern. Schwache Authentifizierung, insbesondere solche, die auf Ein-Faktor-Methoden wie einfachen Passwörtern basieren, kann zu Vorwürfen einer Kontokompromittierung führen und Einzelpersonen die Möglichkeit geben, unbefugte Aktivitäten, die ihrem Konto zugeschrieben werden, glaubhaft zu leugnen.

Grundlegend für die Gewährleistung von Verantwortlichkeit ist neben strengen Identifizierungs- und Authentifizierungsprotokollen die sorgfältige Verfolgung von Benutzeraktivitäten durch Auditmechanismen. Diese Systeme protokollieren wichtige Aktionen und liefern einen detaillierten Bericht über die Benutzerinteraktionen mit dem System.

Ein wesentlicher Aspekt der Protokollierung ist die sichere Speicherung der Protokolle, die vor möglichen Manipulationen durch

Benutzer geschützt ist. Idealerweise werden Aktivitätsprotokolle von Servern auf einen externen, hochsicheren Server übertragen. Diese Vorsichtsmaßnahme verhindert, dass Personen, insbesondere bei Missbrauch oder Fehlverhalten, Beweise für ihre Aktivitäten löschen. Daher entscheiden sich viele Unternehmen für einen zentralen Protokollierungsserver, der Protokolle aus dem gesamten Netzwerk in einer sicheren Datenbank zusammenfasst, die selbst für Administratoren unzugänglich ist, um Änderungen oder Löschungen vorzunehmen.

Zusammenfassend lässt sich sagen, dass effektive Verantwortlichkeit bei der Zugriffskontrolle durch wirksame Identifizierungs-, Authentifizierungs- und Auditverfahren gewährleistet wird. Diese Mechanismen arbeiten zusammen, um Aktionen eindeutig auf einzelne Benutzer zurückzuführen und sicherzustellen, dass diese für ihre Aktivitäten im System verantwortlich gemacht werden können. Die zentrale Protokollierung bildet die Grundlage dieser Verantwortlichkeit und schützt vor Manipulationen von Beweismitteln. Weitere Ausführungen zu Protokollierungs- und Überwachungsverfahren finden Sie im Kontext von Sicherheitsoperationen.

SITZUNGSVERWALTUNG

Strategien zur Sitzungsverwaltung zielen darauf ab, die Sicherheit von Benutzersitzungen durch die Implementierung von Timeouts und Bildschirmschonern zu gewährleisten und Sitzungen für inaktive Benutzer effektiv zu beenden. Dieser Ansatz ist entscheidend, um die Verantwortlichkeit zu wahren und den unbefugten Zugriff einer anderen Person auf eine aktive, authentifizierte Sitzung zu verhindern.

Timeouts dienen als einfache, aber wirksame Sicherheitsmaßnahme und können auf verschiedene Weise angewendet werden:

1. **Timeouts mit fester Dauer**Die Sitzung eines Benutzers nach einer festgelegten Zeit zwangsweise beenden. Diese Methode ist zwar einfach zu implementieren, kann aber

zu Frustration bei den Benutzern führen, wenn sie ihren Arbeitsablauf unnötig unterbricht. Ein Beispiel hierfür sind Szenarien, in denen Unternehmen eine strikte Timeout-Richtlinie für VPN-Verbindungen durchsetzen, was für Remote-Mitarbeiter, die während ihres Arbeitstages auf kontinuierlichen Zugriff angewiesen sind, zu Unannehmlichkeiten führt.

2. **Inaktivitätsbasierte Timeouts**Verfolgen Sie, wann ein Benutzer die Interaktion mit dem System beendet hat, und starten Sie einen Countdown, der oft etwa 10 Minuten dauert. Nimmt der Benutzer innerhalb dieses Zeitraums seine Aktivität nicht wieder auf, wird seine Sitzung automatisch beendet. Diese Methode zielt darauf ab, Sicherheit und Benutzerfreundlichkeit in Einklang zu bringen, indem nur wirklich inaktive Sitzungen berücksichtigt werden.

3. **Weiche Timeouts**bieten eine weniger aufdringliche Alternative, indem Benutzer für bestimmte sensible Aktionen eine erneute Authentifizierung benötigen, anstatt die Sitzung sofort zu beenden. Dieser benutzerfreundliche Ansatz minimiert Störungen, da Benutzer in der Sitzung verbleiben können und gleichzeitig eine zusätzliche Sicherheitsebene für kritische Vorgänge gewährleistet ist.

Bildschirmschoner fungieren als praktischer Timeout-Mechanismus auf Arbeitsplätzen und sorgen für ein ausgewogenes Verhältnis zwischen Sicherheit und Benutzerfreundlichkeit. Anstatt eine Sitzung aufgrund von Inaktivität zu beenden, was laufende Aufgaben unterbrechen könnte, sperren Bildschirmschoner den Bildschirm nach einer bestimmten Zeit der Inaktivität. Benutzer werden dann aufgefordert, sich zu authentifizieren, um ihre Sitzung fortzusetzen. So wird sichergestellt, dass nur autorisierte Personen wieder Zugriff erhalten, ohne sich vollständig vom System abmelden zu müssen.

Diese Praktiken zur Sitzungsverwaltung sind wichtig, um Benutzersitzungen vor unbefugtem Zugriff zu schützen, die allgemeine Sicherheitslage eines Unternehmens zu verbessern und gleichzeitig den Anforderungen der Benutzer effektiv gerecht zu werden.

FÖDERATION

Eine Föderation stellt ein Netzwerk von Domänen oder Dienstanbietern dar, die sich gegenseitig vertrauen und standardisierte Verfahren zur einheitlichen Authentifizierung einhalten. Diese Vereinbarung verbessert die Effizienz und Sicherheit des Identitätsmanagements und optimiert gleichzeitig die Benutzerfreundlichkeit. Im Wesentlichen nutzt die Föderation eine Beziehung zu einer Entität über mehrere Plattformen hinweg. Ein Identitätsanbieter authentifiziert Ihre Identität anhand einer verifizierten Liste und gibt diese an verschiedene Dienstanbieter weiter, um einen nahtlosen Zugriff auf deren Angebote zu ermöglichen. Wie bereits in unserer vorherigen Diskussion über Single Sign-On (SSO) erwähnt, ist SSO eine Schlüsselkomponente des umfassenderen Föderationsrahmens und bietet erheblichen Benutzerkomfort.

Bei der Föderation werden Authentifizierungstoken im Rahmen von SSO weitergeleitet. Dies erfordert eine Diskussion über die Protokolle, die diese einheitliche Kommunikation ermöglichen. Die drei wichtigsten Protokolle der Föderation sind SAML (Security Assertion Markup Language), OAuth 2.0 und OIDC (OpenID Connect), die jeweils spezifische Zwecke erfüllen.

SAML ist ein Protokoll, das den sicheren Austausch von Authentifizierungsdaten zwischen einem Identitätsanbieter und einem Dienstanbieter ermöglicht, typischerweise in Webumgebungen mithilfe von XML. Dieses Protokoll stellt sicher, dass beide Parteien Authentifizierungsdaten einheitlich interpretieren. Wenn beispielsweise ein Identitätsanbieter Authentifizierungsdaten im Format „Doe, John" sendet, der Dienstanbieter jedoch „John Doe" ohne Komma erwartet, kann diese Diskrepanz den Zugriff verhindern.

OAuth 2.0 erleichtert Anwendungsanfragen zur Benutzerauthentifizierung von einem anderen Dienst und ermöglicht so die Identitätsprüfung ohne Offenlegung von Passwortdaten. OAuth 2.0 wird hauptsächlich in mobilen Anwendungen eingesetzt und verwendet JSON. Es erteilt in Ihrem Namen ein

Autorisierungstoken von einer Anwendung an eine andere. Möchte sich ein Nutzer beispielsweise mit seinen Facebook-Anmeldedaten bei Airbnb anmelden, fordert Airbnb die Autorisierung von Facebook an, das dann ein Token für den Zugriff ausstellt, ohne direkte Anmeldedaten preiszugeben.

OIDC baut auf der Token-Ausgabe von OAuth auf und ermöglicht zusätzlich die Übermittlung von Benutzerinformationen. Im Gegensatz zu OAuth, das lediglich ein Autorisierungstoken bereitstellt, ermöglicht OIDC den Austausch identifizierbarer Kontoinformationen zwischen Anwendungen. Am gleichen Beispiel könnte Airbnb nicht nur die Identität des Benutzers über Facebook mittels OIDC validieren, sondern auch dessen Profil- und E-Mail-Informationen abrufen.

Zusammenfassend lässt sich sagen, dass Föderation die Benutzererfahrung vereinfacht, indem sie eine gemeinsame Identitätsprüfung innerhalb eines vertrauenswürdigen Konsortiums von Dienstanbietern ermöglicht. SSO ist dabei eine gängige Föderationsmethode. Die Föderation basiert auf standardisierten Protokollen – SAML, OAuth 2.0 und OIDC –, um eine einheitliche Kommunikation zwischen den Diensten zu gewährleisten. Das Verständnis der Funktionalität jedes Protokolls und seiner Relevanz für Ihr Unternehmen ist entscheidend für die Verbesserung der Benutzererfahrung.

Föderation und Single Sign-On (SSO) zielen darauf ab, die Komplexität der Verwaltung mehrerer digitaler Identitäten über verschiedene Systeme hinweg zu reduzieren. Föderiertes Identitätsmanagement berücksichtigt, dass eine Person Konten in mehreren Systemen besitzen kann, und ermöglicht durch Vereinbarungen zwischen Organisationen den Austausch von Identitätsinformationen. Dieser Prozess vereinfacht die Benutzererfahrung, da die Notwendigkeit der Pflege separater Identitäten für jedes System reduziert wird. Dies entlastet sowohl den Benutzer als auch die Organisation. Beispiele für föderiertes Identitätsmanagement sind die Nutzung eines Google-, Facebook- oder Twitter-Kontos für den Zugriff auf verschiedene Websites. Dies verdeutlicht, wie Identitätsinformationen nahtlos ausgetauscht werden können.

SSO erweitert dieses Konzept, indem es die gemeinsame Nutzung authentifizierter Sitzungen über mehrere Systeme hinweg ermöglicht. Innerhalb von Unternehmen ermöglichen SSO-Lösungen Benutzern, sich einmal zu authentifizieren und ihre Sitzung über verschiedene Systeme hinweg aufrechtzuerhalten, ohne sich erneut anmelden zu müssen, solange die Sitzung gültig ist. Wenn ein Unternehmen beispielsweise die Sitzungsdauer auf einen ganzen Werktag festlegt, müssen sich Benutzer nur einmal täglich authentifizieren, während ihr SSO während der gesamten Laufzeit bestehen bleibt.

Der Bedarf an föderiertem Identitätsmanagement ist insbesondere im Hochschulbereich ausgeprägt, da Lehrende und Studierende häufig zwischen verschiedenen Institutionen wechseln. Um diesem Problem zu begegnen, entwickelte ein Konsortium aus Hochschulen und Universitäten Shibboleth, ein Open-Source-SSO-System für föderierte Umgebungen, das einen nahtlosen Zugriff über institutionelle Grenzen hinweg ermöglicht.

Vertrauensbeziehungen, die für föderierte Identitäts- und SSO-Systeme von entscheidender Bedeutung sind, werden durch ihre Richtung und Transitivität definiert. Vertrauensbeziehungen können unidirektional oder bidirektional sein. Bei einer unidirektionalen Vertrauensbeziehung vertraut eine Domäne einer anderen, ohne dass das Vertrauen erwidert wird. Im Gegensatz dazu bedeutet eine bidirektionale Vertrauensbeziehung, dass zwei Domänen die authentifizierten Sitzungen der jeweils anderen anerkennen. Vertrauensbeziehungen können transitiv oder nicht-transitiv sein. Transitive Vertrauensbeziehungen ermöglichen Vertrauensbeziehungen über mehrere indirekt verbundene Domänen hinweg, während nicht-transitive Vertrauensbeziehungen eine explizite Vertrauensbeziehung zwischen den einzelnen Domänenpaaren erfordern, ohne dass automatisch auf Vertrauen über die direkt beteiligten Parteien hinaus geschlossen werden kann.

Das Prinzip der geringsten Privilegien ist ein grundlegendes Konzept der Zugriffskontrolle. Es besagt, dass Benutzer nur die für ihre Aufgaben unbedingt erforderlichen Zugriffsrechte haben sollten. Nehmen wir das Beispiel von John, einem Buchhalter bei Acme. John benötigt Zugriff auf Banktransaktionen wie Gutschriften und Lastschriften, hat aber keinen Zugriff auf die Personalakten der Bankmitarbeiter, da dies nicht zu seinem Aufgabenbereich gehört. Dieses Prinzip der geringsten Privilegien gilt universell, nicht nur für Einzelpersonen, sondern auch für Geräte, Systeme und Konten. Es stellt sicher, dass jede Entität nur die Zugriffsrechte erhält, die sie für ihre Aufgaben unbedingt benötigt.

Die Anwendung des Least-Privilege-Prinzips bietet Unternehmen mehrere Vorteile. Erstens verkleinert es die Angriffsfläche und begrenzt so die Möglichkeiten für böswillige Akteure, diese auszunutzen. Da Benutzer nur auf das zugreifen können, was sie benötigen, verringern sich die potenziellen Angriffspunkte für Angreifer. Zweitens trägt das Prinzip im Falle einer Sicherheitsverletzung dazu bei, den Schaden zu begrenzen, indem es den Umfang des Systems, den Angreifer kompromittieren können, einschränkt. Schließlich wird die Prüfung und Überwachung des Zugriffs durch die Minimierung der Benutzerrechte einfacher, was den Überwachungsprozess vereinfacht.

Ein warnendes Beispiel, das die Bedeutung dieses Prinzips unterstreicht, ist der Datendiebstahl bei Capital One im Jahr 2019, bei dem die Daten von über 100 Millionen Verbrauchern kompromittiert wurden. In diesem Fall hatte ein System – genauer gesagt eine Firewall – mehr Zugriff auf die Cloud-Umgebung als nötig, was von Angreifern ausgenutzt wurde.

Die Implementierung des Least-Privilege-Prinzips kann mit der Festlegung grundlegender Berechtigungen für alle Benutzer beginnen, die oft als „Geburtsrecht" bezeichnet werden. Für menschliche Benutzer kann dies grundlegende Netzwerkzugriffe und E-Mail-Funktionen umfassen. Für Systementitäten kann der Zugriff auf bestimmte Netzwerksegmente beschränkt sein. Durch die Definition und Durchsetzung eines Mindestmaßes an Berechtigungen für verschiedene Benutzer können Unternehmen ihre Abwehrmaßnahmen durch effektive Zugriffskontrollmaßnahmen stärken.

BEREITSTELLUNG

Die Gewährung des erforderlichen Zugriffs für Benutzer zur Erfüllung ihrer Aufgaben ist ein grundlegender Prozess, der als Provisioning bezeichnet wird. Dieser Prozess umfasst die Einrichtung, Änderung und Aufhebung von Benutzerzugriffsrechten für verschiedene Systeme, Anwendungen und Daten im gesamten Unternehmen. Das Provisioning wird meist während des Onboarding-Prozesses eingeleitet; für einzelne Benutzer erfolgt dies mit der Einstellung und für Systemeinheiten mit der Bereitstellung oder Inbetriebnahme. Weitere Fälle, die ein Provisioning erfordern, sind Beförderungen oder Versetzungen von Benutzern sowie insbesondere die Aufhebung des Zugriffs beim Ausscheiden eines Benutzers aus dem Unternehmen.

Die manuelle Nachverfolgung von Zugriffsrechten für zahlreiche Benutzer über mehrere Ressourcen hinweg kann schnell unpraktisch werden, insbesondere in größeren Umgebungen mit umfangreichen Ressourcennetzwerken. Eine optimale Strategie zur Bewältigung dieser Komplexität ist der Einsatz automatisierter Bereitstellungssysteme, insbesondere solcher, die Zugriffe basierend auf vordefinierten Benutzerrollen zuweisen. Dieses Konzept knüpft an die Prinzipien der Zugriffskontrolle an, bei der rollenbasierte

Zugriffskontrollsysteme (RBAC) die Abgrenzung von Zugriffsberechtigungen entsprechend der spezifischen Rollen ermöglichen, die Benutzer innerhalb einer Organisation innehaben.

Zur Veranschaulichung betrachten wir das hypothetische Szenario mit John, einem Buchhalter bei Acme. Anstatt Johns Zugriff in jedem benötigten System manuell zu konfigurieren, kann ein automatisiertes Bereitstellungssystem Johns Rolle erkennen und ihm entsprechend Zugriff auf die erforderlichen Bank- und Steuerressourcen gewähren. Dies vereinfacht nicht nur die Ersteinrichtung, sondern auch den Entzug des Zugriffs nach Beendigung seines Arbeitsverhältnisses. Ein einziger Befehl des Zugriffsverwaltungstools entzieht ihm effektiv alle Berechtigungen in allen Systemen.

Daher ist die Entwicklung einer umfassenden Bereitstellungsstrategie entscheidend, um sicherzustellen, dass Benutzer angemessenen Zugriff auf die benötigten Tools und Informationen haben. Manuelle Methoden sind zwar möglich, doch der Einsatz von Technologie für das Zugriffsmanagement steigert die Effizienz erheblich, indem der Bereitstellungsprozess über die verschiedenen Systeme eines Unternehmens hinweg automatisiert wird.

Kontoadministratoren spielen eine entscheidende Rolle im Lebenszyklusmanagement von Benutzerkonten innerhalb einer Organisation. Dies umfasst sowohl die Einrichtung neuer Konten als auch die Löschung bestehender Konten. Dieser Prozess umfasst wichtige Phasen:

Beim Onboarding neuer Benutzer übernehmen Administratoren die Verantwortung für die Einrichtung von Benutzerkonten. Dazu gehört die Generierung sicherer Anmeldeinformationen und die Zuweisung von auf die jeweilige Rolle zugeschnittenen Zugriffsrechten. So wird sichergestellt, dass der Benutzer vom ersten Tag an über die erforderlichen Berechtigungen verfügt, um seine Aufgaben zu erfüllen.

Umgekehrt erfordert das Offboarding ausscheidender Benutzer die zeitnahe Deaktivierung von Konten, um den Zugriff auf Unternehmensressourcen und vertrauliche Informationen zu widerrufen. Schnelles Handeln ist hier von größter Bedeutung, insbesondere in Fällen, in denen der Austritt einer Person nicht einvernehmlich erfolgt, um potenzielle Sicherheitsrisiken zu minimieren.

Unternehmen sollten einen optimierten, vorzugsweise automatisierten Ansatz für die Verwaltung dieser Übergänge anstreben. Das Standardverfahren bei einem voraussichtlichen Ausscheiden besteht darin, den Deprovisionierungsprozess einzuleiten, sobald die Personalabteilung oder das Management den bevorstehenden Austritt des Mitarbeiters mitteilt. Das Konto läuft dann am letzten Arbeitstag ab.

In Fällen einer Notfallkündigung, wie beispielsweise einer fristlosen Entlassung, müssen die IT- und die Personalabteilung eng zusammenarbeiten, um sicherzustellen, dass der Zugriff des Benutzers genau im Moment der Kündigung widerrufen wird, um unbefugte Maßnahmen oder Vergeltungsmaßnahmen zu verhindern.

Die Implementierung dieser Vorgehensweisen in Systemen wie Windows erfordert den Einsatz von Tools wie Active Directory-Benutzer und -Computer. Administratoren können das Benutzerkonto vorläufig deaktivieren. Diese Deaktivierung ist reversibel und ermöglicht eine vorübergehende Sperrung des Zugriffs. Dieser Schritt ist auch bei einer dauerhaften Kündigung als Vorsichtsmaßnahme sinnvoll. Schließlich kann das Konto gelöscht oder auf ein bestimmtes zukünftiges Datum festgelegt werden, um das System vor unbefugtem Zugriff zu schützen.

Darüber hinaus ist es wichtig, Übergänge innerhalb des Unternehmens sorgfältig zu managen. Wenn Mitarbeiter ihre Rolle wechseln, müssen ihre Zugriffsrechte entsprechend der neuen Position aktualisiert und gleichzeitig unnötige Berechtigungen aus ihrer vorherigen Rolle entzogen werden. Andernfalls kann es zu einer schleichenden Ausweitung der Berechtigungen kommen, bei der Benutzer im Laufe der Zeit übermäßige Zugriffsrechte anhäufen. Dies widerspricht dem Prinzip der geringsten Privilegien und setzt das Unternehmen erhöhten Sicherheitslücken aus.

Die Verwaltung der Benutzerzugriffe während der gesamten Zugehörigkeit zu Ihrem Unternehmen ist entscheidend, um sicherzustellen, dass sie den erforderlichen Zugriff auf die erforderlichen Ressourcen haben. Die Kenntnis darüber, dass sich die Rolle eines Benutzers ändern kann, ist entscheidend für eine effektive Kontrolle seiner Zugriffsrechte. Veranschaulichen wir dieses Konzept anhand eines Szenarios mit unserem hypothetischen Kollegen John.

John tritt Ihrem Unternehmen bei – ein Glücksfall für Ihr Team. Bei seinem Eintritt ist es wichtig, ihm sowohl den Standardzugriff (Geburtsrecht) als auch alle spezifischen Zugriffsrechte zu gewähren, die für seine Rolle als Buchhalter in Ihrem Unternehmen relevant sind. Mit der Zeit leistet John hervorragende Arbeit und wird zum Leiter der Buchhaltung befördert. Dieser Aufstieg erfordert die Aktualisierung seiner Berechtigungen, um Zugriff auf zusätzliche Personalinformationen zu erhalten. So kann er Leistungsbeurteilungen durchführen und die Dienstjahre seiner direkten Mitarbeiter überprüfen.

Später entdeckt John sein Talent für die Talententwicklung und wechselt als Manager in das Learning-and-Development-Team der Personalabteilung. Dieser Wechsel erfordert den Entzug seines Buchhaltungs- und bisherigen HR-Zugriffs, während ihm gleichzeitig Administratorrechte für die Learning-and-Development-Plattform und Zugriff auf die HR-Daten seiner neuen Teammitglieder gewährt werden.

Schließlich entscheidet sich John, eine neue Stelle anzutreten und eine neue Lern- und Entwicklungsinitiative zu leiten. Nach seinem Ausscheiden müssen ihm alle Zugriffsrechte auf das Netzwerk, die E-Mails und alle für seine letzte Position relevanten Systeme und Anwendungen Ihres Unternehmens entzogen werden. Dennoch kann es aufgrund seiner früheren Tätigkeit in Ihrem Unternehmen weiterhin Fälle geben, in denen John Zugriff benötigt, beispielsweise für den Zugriff auf Steuerunterlagen oder Renteninformationen.

Dieses Szenario unterstreicht, wie wichtig die Planung verschiedener Phasen des Identitätslebenszyklus in Ihrem Unternehmen ist. Durch die Vorwegnahme verschiedener Übergänge und der erforderlichen Berechtigungsanpassungen können Sie sicherstellen, dass der Benutzerzugriff mit seiner aktuellen Rolle und seinen Verantwortlichkeiten übereinstimmt und gleichzeitig angemessene Sicherheits- und Zugriffskontrollen gewährleistet sind.

Das Lebenszyklusmanagement (LCM) ist im Identity Access Management (IAM) von entscheidender Bedeutung, da es nahtlose Übergänge für Benutzer während ihrer gesamten Karriere – vom Onboarding bis zum Ausscheiden – gewährleistet. Lassen Sie uns die drei Kernkomponenten des LCM näher betrachten und dabei mit dem Onboarding-Prozess beginnen.

Der Onboarding-Prozess ist entscheidend, da er neuen Mitarbeitern den sofortigen Zugriff auf wichtige Anwendungen erleichtert. Der erste Schritt des Onboarding-Prozesses besteht in der Erstellung eines neuen Benutzerkontos in unserem System. Nehmen wir beispielsweise einen neuen Mitarbeiter namens John Smith. Angesichts der Häufigkeit dieses Namens ist die Implementierung einer Logik zur Generierung eines eindeutigen Benutzerkontos, beispielsweise durch Anhängen einer numerischen Kennung, unerlässlich, um Kontoüberschreibungen oder versehentliche Zugriffsberechtigungen an die falsche Person zu verhindern. Anschließend geht es darum, den richtigen Zugriff zu gewähren. Dies setzt ein Verständnis des Autorisierungsmodells unseres Unternehmens voraus. Als IAM-Manager müssen wir erkennen, ob der Zugriff auf Basis von Berufsbezeichnungen oder einer Kombination von Attributen gewährt wird, um unseren neuen Mitarbeitern ein reibungsloses Onboarding zu ermöglichen.

Betrachten wir als Nächstes den Mitarbeiterwechsel, der allgemein als „Mover" oder „Transfer" bezeichnet wird. Anders als beim Onboarding-Prozess ist hier kein neues Benutzerkonto erforderlich. Stattdessen geht es vor allem darum, die mit der neuen Position verbundenen Zugriffsvoraussetzungen zu ermitteln und gleichzeitig veraltete Zugriffsrechte zu entziehen. Die Zusammenarbeit mit der Personalabteilung ist unerlässlich, um die Auslöser für den Wechselprozess zu identifizieren, die auf Berufsbezeichnungen, Abteilungen oder einer Kombination davon basieren können. Verhandlungsgeschick ist hier von unschätzbarem Wert, da möglicherweise Anpassungen an den HR-Systemen erforderlich sind, um einen reibungslosen Übergang bei der Definition der Zugriffsvoraussetzungen für die neue Position zu gewährleisten.

Abschließend befassen wir uns mit dem Kündigungsprozess, den sogenannten Leavers. Diese Phase ist entscheidend, um die rechtzeitige Deaktivierung der Benutzerkonten ausscheidender Mitarbeiter sicherzustellen. Wenn beispielsweise ein Mitarbeiter freitags um 17:00 Uhr ausscheidet, muss unser Leaver-Prozess, der häufig vom HR-System eingeleitet wird, alle Benutzerkonten umgehend deaktivieren, um unbefugten Zugriff auf sensible Daten nach Beendigung des Arbeitsverhältnisses zu verhindern. Sofortige Kündigungen stellen zusätzliche Herausforderungen dar und erfordern schnelles Handeln, um den Zugriff zu unterbinden und potenzielle Sicherheitsrisiken zu minimieren. Die umgehende Deaktivierung von Benutzerkonten ist unerlässlich, insbesondere angesichts von Datenschutzverletzungen, die oft von verärgerten ehemaligen Mitarbeitern mit verbleibendem Zugriff auf Unternehmensnetzwerke verursacht werden.

Zusammenfassend lässt sich sagen, dass jeder Aspekt des LCM-Prozesses eine entscheidende Rolle bei der Verwaltung des Benutzerzugriffs während des gesamten Beschäftigungszyklus spielt. Der Onboarding-Prozess gewährleistet einen reibungslosen Start für neue Mitarbeiter, der Wechselprozess erleichtert nahtlose Übergänge zwischen Rollen und der Austrittsprozess minimiert Sicherheitsrisiken im Zusammenhang mit dem Ausscheiden von Mitarbeitern. Als IAM-Manager ist es wichtig, alle drei Komponenten des LCM-Prozesses zu priorisieren, um Datensicherheit und organisatorische Integrität effektiv zu gewährleisten.

Onboarding und Offboarding

Onboarding in IAM bezeichnet den Prozess der Erstellung neuer Benutzerkonten und der Gewährung entsprechender Zugriffsrechte, wenn Einzelpersonen einer Organisation beitreten. Dieser Prozess wird typischerweise durch Ereignisse wie Neueinstellungen, den Arbeitsbeginn von Auftragnehmern oder die Übernahme neuer Rollen durch bestehende Mitarbeiter ausgelöst. Der Onboarding-Prozess umfasst:

- **Erstellen von Benutzerkonten**: Einrichten von Konten im IAM-System und allen zugehörigen Systemen oder Anwendungen.
- **Zugriffsrechte vergeben**: Erteilen von Berechtigungen auf Grundlage der Rolle des Einzelnen und nach dem Prinzip der geringsten Privilegien (Gewährung von nicht mehr Zugriff als für die Ausführung der Arbeit erforderlich).
- **Integration mit HR-Systemen**: Oftmals ist der Onboarding-Prozess automatisiert und in HR-Systeme integriert, um die Kontoerstellung und Zugriffsbereitstellung einzuleiten, sobald eine Neueinstellung bearbeitet wird.

Offboarding im IAM bezeichnet den Entzug von Zugriffsrechten und die Deaktivierung oder Löschung von Benutzerkonten, wenn eine Person das Unternehmen verlässt oder ihre Rolle so ändert, dass ihre Zugriffsanforderungen eingeschränkt sind. Offboarding ist entscheidend für die Aufrechterhaltung von Sicherheit und Compliance und umfasst:

- **Zugriff widerrufen**: Entfernen oder Anpassen der Zugriffsrechte einer Person auf IT-Ressourcen, Anwendungen und Daten.
- **Deaktivieren oder Löschen von Konten**: Abhängig von den Richtlinien der Organisation kann das Konto des Benutzers vorübergehend deaktiviert (im Falle einer Wiedereinstellung) oder dauerhaft gelöscht werden.
- **Sicherstellung der Vollständigkeit**: Der Offboarding-Prozess muss gründlich sein und alle Systeme

und Anwendungen umfassen, auf die die Person Zugriff hatte, um jeden unbefugten Zugriff nach dem Ausscheiden zu verhindern.

Sowohl Onboarding als auch Offboarding sind integrale Bestandteile des Identity Lifecycle Managements innerhalb von IAM. Sie stellen sicher, dass der Zugriff auf Ressourcen ordnungsgemäß gewährt und bei Nichtgebrauch entzogen wird. Diese Prozesse tragen dazu bei, Sicherheitsrisiken zu minimieren und sicherzustellen, dass die IT-Ressourcen des Unternehmens effektiv und richtlinien- und vorschriftenkonform genutzt werden.

NULL VERTRAUEN

Das als Zero Trust bekannte Sicherheitskonzept basiert auf dem Prinzip „Niemals vertrauen, immer überprüfen". Dieser Ansatz erfordert, dass Vertrauen nicht automatisch auf Entitäten ausgedehnt wird, unabhängig davon, ob sie von außerhalb oder innerhalb des Netzwerks stammen. Daher ist eine Überprüfung für jeden erforderlich, der versucht, auf Ressourcen oder Assets zuzugreifen. Dieses Konzept unterstreicht die Notwendigkeit strenger Zugriffskontrollen und orientiert sich eng am Least-Privilege-Prinzip, das Sie vielleicht aus früheren Diskussionen kennen.

Die Implementierung von Zero Trust beginnt mit der Überprüfung der Identität jedes Benutzers. Dabei kommen Mechanismen wie Single Sign-On zur optimierten Benutzerauthentifizierung zum Einsatz. Darüber hinaus erfordert sie die Festlegung expliziter Richtlinien für die Interaktion und den Datenaustausch zwischen Anwendungen. Dieses Prinzip gilt auch für Netzwerkgeräte wie Server und Router und sieht einen eingeschränkten Zugriff auf interne Systeme vor, um unbefugten Datenzugriff zu verhindern. Beispielsweise wäre es für eine Vertriebsanwendung unzulässig, auf vertrauliche Personaldaten zuzugreifen. Dies verdeutlicht die Notwendigkeit klar definierter Zugriffsrichtlinien.

Die Implementierung von Zero Trust ist komplexer als es scheint und kann sich negativ auf die Benutzerproduktivität auswirken. Übermäßige Einschränkungen können den Zugriff der Mitarbeiter auf notwendige Tools und die effektive Zusammenarbeit beeinträchtigen. Dies unterstreicht die Bedeutung eines ausgewogenen Verhältnisses zwischen Sicherheit und betrieblichen Anforderungen.

Um Zero Trust zu implementieren, sollten Sie sich auf eine einzelne, kritische Ressource oder Benutzergruppe konzentrieren und sicherstellen, dass der Zugriff streng auf die wichtigsten Benutzer und Systeme beschränkt ist. Dieser gezielte Ansatz kann als Pilotprojekt dienen und die Evaluierung und Anpassung der Zero-Trust-Prinzipien an umfassendere organisatorische Anforderungen ermöglichen.

Die Einführung von Zero-Trust-Prinzipien kann die Sicherheitslage deutlich verbessern, wenn sie sorgfältig umgesetzt wird. Um effektive Zugriffskontrollen zu entwickeln, ist es wichtig, das Zusammenspiel zwischen Benutzern, Anwendungen und Netzwerkinfrastruktur genau zu verstehen. Dabei sind die möglichen Auswirkungen auf die Mitarbeitereffizienz stets zu berücksichtigen. Eine sorgfältige Planung und die Berücksichtigung dieser Faktoren sind der Schlüssel zu einer erfolgreichen Implementierung.

ROLLEN-MINING

Role Mining bietet Analysten im Identitäts- und Zugriffsmanagement die Möglichkeit, die Abweichungen zwischen den aktuellen Zugriffsrechten der Benutzer und den tatsächlich genutzten Ressourcen innerhalb einer Organisation zu analysieren und so Benutzerberechtigungen zu optimieren. Im Wesentlichen werden dabei Daten zu Benutzeraktivitäten und Ressourcennutzung genutzt, um deren Zugriffsprofile präziser zu definieren. Dabei werden die Interaktionen zwischen Benutzern und Ressourcen analysiert, um Benutzerberechtigungen anzupassen oder präziser festzulegen. Ziel von Role Mining ist es, diese Analyse durch Automatisierung zu optimieren, anstatt manuelle Prüfungen durchzuführen und so Effizienz und Genauigkeit zu steigern.

Zwei Hauptstrategien unterstützen das Role Mining: die Zugriffsprüfung anhand vordefinierter Rollen und die Anpassung des Zugriffs an die tatsächliche Ressourcennutzung. Für Organisationen mit rollenbasierter Zugriffskontrolle ist die Zugriffsprüfung gemäß Rollenspezifikationen eine relativ einfache Aufgabe für das Identitäts- und Zugriffsmanagementsystem, sofern die Zugriffsanforderungen pro Rolle klar definiert sind. Es empfiehlt sich, solche Prüfungen regelmäßig, beispielsweise vierteljährlich, durchzuführen, um sicherzustellen, dass die Zugriffsrechte der Benutzer mit ihren aktuellen Rollen und Verantwortlichkeiten übereinstimmen.

Nach der Prüfung werden im nächsten Schritt die Benutzerrollen entsprechend den tatsächlich benötigten Berechtigungen und ihrem Ressourcennutzungsverhalten angepasst. Dies kann bedeuten, zusätzliche Berechtigungen für häufig genutzte Ressourcen zu erteilen und den Zugriff auf selten genutzte Ressourcen zu entziehen. Ein wichtiges Ergebnis dieser Aktivität ist die Möglichkeit, die Standardzugriffsrechte (Geburtsrechte) für verschiedene Rollen innerhalb der Organisation zu optimieren. So wird sichergestellt, dass Benutzer beim Beitritt genau den Zugriff erhalten, den sie benötigen, und übermäßige Berechtigungen werden vermieden.

Am Beispiel von John könnte eine Überprüfung seiner Zugriffsrechte, darunter auf zwei Bankressourcen und eine Steueranwendung, ergeben, dass er eine Bankressource und die Steueranwendung regelmäßig nutzt, die zweite Bankressource jedoch über einen längeren Zeitraum nicht genutzt wird. Der Role-Mining-Prozess würde dann vorschlagen, den Zugriff auf die ungenutzte Bankressource zu widerrufen und gegebenenfalls die mit der Buchhalterrolle verbundenen Zugriffsrechte zu überprüfen.

Durch eine gründliche Analyse der Benutzerinteraktion mit Unternehmensressourcen kann Role Mining Sicherheitsrisiken erheblich minimieren. Es stellt sicher, dass Benutzer die für ihre Rollen erforderlichen Zugriffsrechte erhalten und überflüssige Berechtigungen systematisch identifiziert und bei Bedarf angepasst oder widerrufen werden.

JUST-IN-TIME-ZUGRIFF, BEDINGTER ZUGRIFF

Ständiger Zugriff auf Ressourcen erhöht das Risiko unbefugter Ausnutzung. Strategien wie bedingter Zugriff und Just-in-Time-Zugriff (JIT) können diese Schwachstelle jedoch deutlich reduzieren. Sehen wir uns diese Ansätze im Detail an.

Bedingter Zugriff beinhaltet die Implementierung spezifischer Regeln und Kriterien, die erfüllt sein müssen, bevor Zugriff auf Ressourcen und Dienste gewährt wird. Benutzer müssen alle festgelegten Bedingungen erfüllen, um auf die gewünschten Ressourcen zugreifen zu können. Dieser Ansatz wird häufig in Systemen wie Microsoft Active Directory, Azure und der Intune-Plattform für die Verwaltung mobiler Geräte eingesetzt. Bedingter Zugriff kann den Zugriff erlauben oder verweigern, eine Multi-Faktor-

Authentifizierung erzwingen, Gerätekonformität verlangen oder Benutzersitzungen begrenzen. Der Zugriff kann sogar je nach geografischem Standort eingeschränkt werden. Beispielsweise kann der Zugriff verweigert werden, wenn das Gerät eines Benutzers nicht über die neuesten Sicherheitspatches verfügt. Oder Administratoren müssen sich möglicherweise per Multi-Faktor-Authentifizierung authentifizieren, im Gegensatz zu Standardbenutzern, die möglicherweise nur einen einzigen Authentifizierungsfaktor benötigen. Darüber hinaus kann bedingter Zugriff den Zugriff eines Benutzers vorübergehend einschränken und die Internetverbindung sperren, bis ein Gerät bei verdächtigen Anmeldeaktivitäten auf Malware überprüft wurde.

Just-in-Time-Zugriff hingegen gewährt Zugriffsrechte für einen begrenzten Zeitraum, zugeschnitten auf die spezifischen Anforderungen einer Aufgabe oder Rolle. Beispielsweise kann einem Systemadministrator für einige Stunden erweiterte Berechtigungen gewährt werden, um eine bestimmte Aufgabe zu erledigen. Die manuelle Implementierung von JIT-Zugriff kann eine Herausforderung darstellen, weshalb sich die meisten Unternehmen für automatisierte Systeme entscheiden, um die Zugriffsdauer effizient zu verwalten. Ein gemeinsames Merkmal solcher Systeme ist die Möglichkeit für Benutzer, temporären Zugriff auf Ressourcen anzufordern, der über ihre normalen Betriebsanforderungen hinausgeht. Dies vereinfacht den Prozess ohne umständliche Genehmigungsschritte. Diese Methode ist effektiv, da sie nicht nur den Zugriff zeitlich begrenzt, sondern auch jede Zugriffsanfrage für spätere Prüfungen protokolliert und so Sicherheit und Compliance verbessert.

Durch den Einsatz von Strategien für bedingten Zugriff und Just-in-Time-Zugriff können Unternehmen Risiken minimieren, indem sie Compliance-Anforderungen durchsetzen und das Zeitfenster für potenzielle Sicherheitsverletzungen verkürzen.

KONTOVERWALTUNG

Die Kontoverwaltung ist ein kritischer Aspekt der Cybersicherheit. Sie erfordert die Einrichtung robuster Protokolle, die den Prinzipien der geringsten Privilegien und der Aufgabentrennung entsprechen, sowie die Implementierung von Jobrotationsstrategien und die Überwachung des gesamten Kontolebenszyklus. Das Prinzip der geringsten Privilegien schreibt vor, dass Einzelpersonen nur die für ihre Rolle erforderlichen Berechtigungen erteilt werden, wodurch unnötige Zugriffsrechte minimiert werden. Die Aufgabentrennung erfordert die Aufteilung der Verantwortlichkeiten für sensible Aufgaben auf mehrere Personen. Dies erhöht die Sicherheit und reduziert das Risiko unbefugter Aktionen.

Darüber hinaus werden Mitarbeiter im Rahmen von Jobrotation regelmäßig in andere Rollen versetzt. Dies erweitert nicht nur ihre Erfahrung und ihr Verständnis für das Unternehmen, sondern beugt auch Fehlverhalten vor, da sie wissen, dass ein anderer Mitarbeiter ihre Arbeit überprüft. Ebenso zwingen obligatorische Urlaubsregelungen Mitarbeiter in kritischen Positionen dazu, aufeinanderfolgende freie Tage zu nehmen. An diesen Tagen wird ihnen der Systemzugriff entzogen, wodurch möglicherweise betrügerische Aktivitäten aufgedeckt werden, die sie möglicherweise vertuscht haben.

Die Festlegung einer einheitlichen Namenskonvention für Benutzerkonten ist eine weitere wichtige Aufgabe. Sie vereinfacht die Zuordnung von Kontoaktivitäten zu bestimmten Personen. Ein gängiger Ansatz kombiniert den Anfangsbuchstaben des Benutzers mit einem Teil seines Nachnamens und fügt gegebenenfalls eine Ziffer hinzu, um Duplikate zu vermeiden.

Cybersicherheitsexperten verwalten außerdem den Lebenszyklus von Konten und Anmeldeinformationen. Dazu gehört die Gewährung von Zugriffsrechten an neue Benutzer entsprechend ihrer Rollen, die Anpassung von Berechtigungen bei Rollenänderungen oder neuen Zugriffsanforderungen, die Durchführung regelmäßiger Zugriffsüberprüfungen zur Rezertifizierung und schließlich die Aufhebung des Zugriffs für Benutzer, die das Unternehmen verlassen. Dieses Lebenszyklusmanagement stellt sicher, dass die Zugriffsrechte den Anforderungen und Sicherheitsrichtlinien des Unternehmens entsprechen.

KONTOTYPEN

Zugriffskontrollsysteme umfassen eine Vielzahl von Kontotypen, die jeweils unterschiedliche Verwaltungsansätze erfordern. Der Großteil der von uns betreuten Konten sind individuelle Benutzerkonten, die routinemäßigen Ressourcenzugriff gewähren. Die Berechtigungsstufen dieser Konten variieren stark – vom Front-Office-Mitarbeiter bis zur Geschäftsführung. Dennoch unterliegen alle standardisierten Sicherheitspraktiken, einschließlich der regelmäßigen Überwachung auf Sicherheitsverletzungen und der Einhaltung eines Lebenszyklusprotokolls für Aktivierung und Löschung.

Konten für Systemadministratoren verfügen über erweiterte Berechtigungen und ermöglichen umfassende Systemänderungen. Aufgrund ihrer erweiterten Zugriffsrechte erfordern diese Konten eine strenge Überwachung durch privilegierte Kontoverwaltungsstrategien. Aktivitäten über diese Konten sollten sorgfältig protokolliert und jedes ungewöhnliche Verhalten aufgrund des hohen Risikos umgehend untersucht werden. Um Risiken zu minimieren, arbeiten Administratoren häufig hauptsächlich mit Standardbenutzerkonten und erweitern ihre Zugriffsrechte nur bei Bedarf durch spezielle Protokolle wie Rollenübernahme oder befehlsbasierte Rechteerweiterungen (z. B. sudo in Linux-Umgebungen).

Auf einem Linux-Server erfordern beispielsweise administrative Aufgaben, wie das Bearbeiten kritischer Systemdateien, erhöhte

Berechtigungen, die im Standardbenutzermodus nicht verfügbar sind. Mit dem Befehl sudo können diese erforderlichen Berechtigungen fallweise erteilt werden, was den kontrollierten Einsatz administrativer Befugnisse veranschaulicht.

Gastkonten dienen dem temporären Zugriff, beispielsweise für Besucher, und sollten streng überwacht und mit eindeutigen Ablaufbedingungen versehen werden. Von gemeinsamen oder generischen Konten, auf die mehrere Benutzer zugreifen können, wird hingegen generell abgeraten, da die Zuordnung von Aktionen zu einzelnen Personen schwierig ist und die Verantwortlichkeit dadurch untergraben wird.

Dienstkonten, die für Systemvorgänge und nicht für die direkte Nutzung durch Benutzer konzipiert sind, verfügen häufig über umfangreiche Berechtigungen. Aus Sicherheitsgründen ist es unbedingt erforderlich, dass diese Konten nicht interaktiv zugänglich sind und ihre Anmeldeinformationen geheim bleiben.

Zusammenfassend lässt sich sagen, dass die klare Unterscheidung zwischen Kontotypen und -zwecken für die Wahrung der Systemintegrität entscheidend ist. Die wahllose Verwendung gemeinsam genutzter oder generischer Konten beeinträchtigt die genaue Nachverfolgung von Benutzeraktionen und stellt somit erhebliche Sicherheitsrisiken dar.

KONTORICHTLINIEN

Sicherheitsexperten nutzen Kontorichtlinien, um Sicherheitsprotokolle und -konfigurationen in einer Netzwerkdomäne durchzusetzen. Windows Active Directory bietet ein Tool namens „Gruppenrichtlinie", um diese Konfigurationen zu erleichtern. Administratoren können Gruppenrichtlinienobjekte (GPOs) erstellen, also Sammlungen von Konfigurationseinstellungen, und diese domänenweit oder auf bestimmte Benutzer- und Computergruppen innerhalb von Organisationseinheiten anwenden.

Sehen wir uns die Erstellung eines Gruppenrichtlinienobjekts (GPO) auf einem Windows-Server an, das einen passwortgeschützten

Bildschirmschoner für alle Benutzer vorschreibt. Öffnen Sie dazu die Windows-Gruppenrichtlinienverwaltung und navigieren Sie zur gewünschten Domäne. Dort finden Sie den Abschnitt „Gruppenrichtlinienobjekte". Dort sind möglicherweise zunächst nur die Standardrichtlinien sichtbar. Um ein neues GPO zu erstellen, klicken Sie mit der rechten Maustaste auf den Ordner „Gruppenrichtlinienobjekte", wählen Sie „Neu" und geben Sie dem GPO einen Namen – beispielsweise „Bildschirmschonerrichtlinie".

Dieses neue Gruppenrichtlinienobjekt (GPO) enthält zunächst keine spezifischen Konfigurationen – es ist im Wesentlichen ein leeres Blatt. Beim Bearbeiten des GPOs öffnet sich der Gruppenrichtlinienverwaltungs-Editor, in dem Sie durch verschiedene Einstellungen navigieren können, um die gewünschten Richtlinien festzulegen. Beispielsweise finden Sie unter „Benutzerkonfiguration", gefolgt von „Administrative Vorlagen" und schließlich „Systemsteuerung" den Abschnitt „Personalisierung", in dem die Bildschirmschonereinstellungen verwaltet werden.

Im Bereich „Personalisierung" können Sie den Bildschirmschoner aktivieren, Änderungen an den Bildschirmschonereinstellungen verhindern, ein Kennwort für den Bildschirmschoner anfordern und eine Zeitüberschreitung festlegen. Beispielsweise können Sie hier festlegen, dass der Bildschirmschoner nach 15 Minuten (bzw. 900 Sekunden) aktiviert wird. Sobald diese Einstellungen konfiguriert und gespeichert sind, gilt die Bildschirmschonerrichtlinie domänenweit und gewährleistet einen einheitlichen Ansatz für diese Sicherheitsmaßnahme für alle Benutzer.

Dieser optimierte Prozess veranschaulicht, wie GPOs strategisch eingesetzt werden können, um die Sicherheitsmaßnahmen für die gesamte Benutzerbasis einer Organisation konsistent zu verbessern.

KONTOABGLEICH

Der Kontenabgleich im Rahmen des Identity and Access Management (IAM) ist ein wichtiger Prozess. Er umfasst die Überprüfung und Sicherstellung, dass die Konten in den Systemen und Anwendungen eines Unternehmens gemäß den Sicherheits- und

Compliance-Richtlinien des Unternehmens korrekt und genau verwaltet werden. Dieser Prozess umfasst mehrere wichtige Aktivitäten:

1. **Überprüfung von Benutzerkonten**: Dabei wird überprüft, ob jedes Konto im System einem aktuellen Benutzer gehört und für die ihm zugewiesenen Zugriffsebenen autorisiert ist. Dieser Schritt hilft bei der Identifizierung nicht autorisierter, doppelter oder redundanter Konten, die ein Sicherheitsrisiko darstellen können.

2. **Übereinstimmung mit Richtlinien und Berechtigungen**: Durch die Kontoabstimmung wird sichergestellt, dass die Zugriffsrechte und Berechtigungen aller Benutzerkonten mit den Sicherheitsrichtlinien der Organisation und dem Prinzip der geringsten Privilegien übereinstimmen, d. h., die Benutzer haben nur den Zugriff, der für die Ausführung ihrer Arbeitsfunktionen erforderlich ist.

3. **Regelmäßige Audits und Überprüfungen**: Regelmäßige Audits und Überprüfungen der Benutzerkonten und ihrer Zugriffsrechte sind Teil des Kontoabgleichs. Diese Überprüfungen helfen dabei, etwaige Unstimmigkeiten oder Abweichungen von den vorgesehenen Zugriffsrichtlinien zu erkennen und umgehend zu beheben.

4. **Systemübergreifende Synchronisierung**: In großen Organisationen verfügen Benutzer möglicherweise über Konten auf mehreren Systemen. Der Kontenabgleich stellt sicher, dass die Benutzerkonteninformationen und Zugriffsrechte systemübergreifend synchronisiert werden. Dieser Schritt verhindert Zugriffsdiskrepanzen und verringert das Risiko von Sicherheitsverletzungen.

5. **Umgang mit verwaisten Konten**Wenn Mitarbeiter ein Unternehmen verlassen oder ihre Rolle innerhalb des Unternehmens wechseln, können ihre bisherigen Konten verwaist sein (d. h. sie sind nicht mehr einem aktiven Benutzer zugeordnet). Teil der Kontoabstimmung ist die Identifizierung und angemessene Behandlung dieser verwaisten Konten, um sicherzustellen, dass sie keine Sicherheitslücken darstellen.

6. **Compliance und Reporting**: Die Einhaltung gesetzlicher Vorschriften und interner Richtlinien ist ein entscheidender Bestandteil des Kontoabgleichs. Häufig werden dazu Berichte erstellt, die die Übereinstimmung der Kontoverwaltungspraktiken mit diesen Anforderungen dokumentieren.

Der Kontoabgleich ist ein fortlaufender Prozess, der entscheidend dazu beiträgt, Sicherheitsrisiken zu minimieren und den angemessenen Schutz der Unternehmensressourcen sicherzustellen. Er trägt dazu bei, die Integrität des IAM-Systems zu wahren und so vor unbefugtem Zugriff und potenziellen Datenschutzverletzungen zu schützen.

KONTOÜBERWACHUNG

Sicherheitsexperten müssen die Berechtigungen der Endbenutzerkonten sorgfältig überwachen, um potenzielle Sicherheitsverletzungen zu verhindern. Diese Wachsamkeit erfordert die Bewältigung mehrerer häufiger Herausforderungen im Zusammenhang mit der Kontoverwaltung.

Ein Hauptproblem ist die falsche Zuweisung von Berechtigungen, die entweder die Erfüllung der Aufgaben eines Benutzers beeinträchtigen oder gegen das Prinzip der geringsten

Rechte verstoßen kann. Solche Diskrepanzen entstehen oft durch „Privilege Creep", bei dem Benutzer Berechtigungen aus verschiedenen Rollen anhäufen, ohne dass vorherige Berechtigungen entsprechend widerrufen werden. Um dem entgegenzuwirken, sollten regelmäßige Audits der Benutzerkonten unter Einbeziehung des Managements durchgeführt werden, um sicherzustellen, dass die Berechtigungen jedes Kontos den aktuellen Rollenanforderungen entsprechen und bei Bedarf angepasst werden können. Besondere Aufmerksamkeit sollte Mitarbeitern gewidmet werden, die seit dem letzten Audit ihre Rolle gewechselt haben.

Ein weiteres kritisches Problem ist die unbefugte Nutzung von Berechtigungen, sei es durch externe Akteure, die ein Konto kompromittieren, oder durch legitime Benutzer, die nicht autorisierte Aktivitäten durchführen. Um einen solchen Missbrauch zu erkennen, ist eine kontinuierliche Überwachung der Kontoaktivitäten auf Anomalien erforderlich. Dies kann Warnmeldungen bei Anmeldungen von atypischen Standorten, ungewöhnlichen Netzwerkzugriffsmustern, Anmeldungen zu ungewöhnlichen Zeiten, Abweichungen vom Standardverhalten beim Dateizugriff oder anormalen Datenzugriffsvolumina umfassen. Die Implementierung verhaltensbasierter Überwachungssysteme kann helfen, diese Unregelmäßigkeiten zu identifizieren.

Zur Verbesserung der Überwachungsfunktionen kann die Integration zusätzlicher Funktionen erforderlich sein, wie beispielsweise Geotagging zur Erfassung des geografischen Ursprungs von Anmeldungen und Geofencing zur Warnung bei Bewegungen außerhalb vordefinierter Bereiche. Diese Technologien können wertvolle Informationen für die Beurteilung der Legitimität von Kontoaktivitäten liefern.

Bei der Überprüfung von Konten ist es wichtig, nicht nur Standardbenutzer- und Administratorkonten, sondern auch die von Supportsystemen und -diensten verwendeten Konten zu bewerten. Konten, die mit Systemen und verwalteten Diensten verknüpft sind, sollten so konfiguriert sein, dass interaktive Anmeldungen verhindert werden und das Prinzip der geringsten Berechtigungen strikt eingehalten wird. So wird sichergestellt, dass sie nur über die für ihre Funktionen erforderlichen Zugriffsebenen verfügen.

Die Bewältigung dieser Herausforderungen durch sorgfältige Kontoverwaltung und Überwachungspraktiken ist für die Aufrechterhaltung einer sicheren und funktionsfähigen IT-Umgebung von entscheidender Bedeutung.

IAM-Systeme und -Lösungen

(IAM) umfasst eine breite Palette von Systemen und Lösungen, die sicherstellen sollen, dass die richtigen Personen zum richtigen

Zeitpunkt und aus den richtigen Gründen Zugriff auf die richtigen Ressourcen haben. Diese Systeme sind entscheidend für die Verwaltung von Identitäten, die Zugriffskontrolle, die Durchsetzung von Sicherheitsrichtlinien und die Überwachung von Benutzeraktivitäten innerhalb einer Organisation. Im Folgenden untersuchen wir die verschiedenen Arten von Systemen und Lösungen im IAM-Bereich sowie ihre wichtigsten Funktionen und Anwendungen.

1. Identitätsbereitstellung und -verwaltung

- Diese Systeme automatisieren die Erstellung, Verwaltung und Löschung von Benutzerkonten und Zugriffsrechten in verschiedenen Systemen und Anwendungen eines Unternehmens. Sie sind häufig in HR-Systeme integriert, um Onboarding- und Offboarding-Prozesse zu automatisieren.
- **Beispiele**: Microsoft Active Directory, Oracle Identity Manager.

2. Einmaliges Anmelden (SSO)

- SSO-Lösungen ermöglichen es Benutzern, sich einmalig zu authentifizieren und auf mehrere Systeme und Anwendungen zuzugreifen, ohne sich bei jedem System einzeln anmelden zu müssen. SSO verbessert das Benutzererlebnis und reduziert die Passwortmüdigkeit.
- **Beispiele**: Okta, OneLogin, Microsoft Azure Active Directory.

3. Multi-Faktor-Authentifizierung (MFA)

- MFA erhöht die Sicherheit, indem Benutzer zwei oder mehr Verifizierungsfaktoren angeben müssen, um Zugriff auf Ressourcen zu erhalten. Zu diesen Faktoren können Informationen gehören, die der Benutzer kennt (Passwort), Informationen, die er besitzt (Sicherheitstoken, Mobiltelefon) und Informationen, die er selbst ist (biometrische Verifizierung).
- **Beispiele**: Duo Security, RSA SecurID, Google Authenticator.

4. Privileged Access Management (PAM)

- PAM-Lösungen verwalten und sichern privilegierte Konten mit erweiterten Zugriffsrechten auf kritische Systeme und Daten. PAM-Systeme umfassen typischerweise Funktionen zur Kennwortverwaltung, Sitzungsaufzeichnung und detaillierten Zugriffskontrolle.
- **Beispiele**: CyberArk, BeyondTrust, Thycotic.

5. Verzeichnisdienste

- Verzeichnisdienste dienen als zentrale Speicherorte für Benutzer- und Gruppeninformationen und unterstützen die Authentifizierung und Zugriffskontrolle für alle Netzwerkressourcen. Sie sind für die Organisation von Benutzerdaten und Rollen innerhalb einer Organisation unerlässlich.
- **Beispiele**: Microsoft Active Directory, LDAP (Lightweight Directory Access Protocol).

6. Identitätsverwaltung und -administration (IGA)

- IGA-Lösungen bieten einen Rahmen für Richtlinienmanagement, Zugriffsanfragen, Rollenmanagement und Compliance-Reporting. Sie unterstützen Unternehmen bei der Durchsetzung von Zugriffsrichtlinien und der Einhaltung von Vorschriften.
- **Beispiele**: SailPoint, Saviynt, IBM Security Identity Governance und Intelligence.

7. Zugriffsverwaltung

- Zugriffsverwaltungssysteme steuern den Zugriff auf Ressourcen basierend auf Benutzeridentitäten, Rollen und Richtlinien. Diese Systeme legen fest, wer unter welchen Bedingungen auf welche Ressourcen zugreifen kann.
- **Beispiele**: Oracle Access Management, CA SiteMinder.

8. Benutzerverhaltensanalyse (UBA)

- UBA-Lösungen analysieren Benutzeraktivitäten und erkennen Anomalien, die auf potenzielle Sicherheitsbedrohungen hinweisen können. Durch die Überwachung ungewöhnlicher Verhaltensmuster helfen UBA-Tools, kompromittierte Konten oder Insider-Bedrohungen zu identifizieren.
- **Beispiele**: Exabeam, Rapid7 InsightIDR.

9. Identität als Service (IDaaS)

- IDaaS bietet IAM-Funktionen als Cloud-basierten Dienst und skalierbare Lösungen für Identitätsbereitstellung, SSO, MFA und mehr. IDaaS-Lösungen lassen sich problemlos in lokale und Cloud-Anwendungen integrieren.
- **Beispiele**: Microsoft Azure Active Directory, Google Cloud Identity.

10. Verbraucheridentitäts- und Zugriffsmanagement (CIAM)

- CIAM-Lösungen verwalten Kundenidentitäten und -zugriffe und sorgen für sichere, nahtlose Erlebnisse über alle digitalen Kanäle hinweg. CIAM-Systeme umfassen häufig Funktionen für Registrierung, Authentifizierung, Einwilligungsverwaltung und Datenschutz.
- **Beispiele**: Autho, ForgeRock, SAP Customer Data Cloud.

11. Verbunddienste

- Mithilfe von Verbunddiensten können Identitätsinformationen über verschiedene Sicherheitsdomänen hinweg gemeinsam genutzt werden, sodass Benutzer mit einem einzigen Satz Anmeldeinformationen über Unternehmensgrenzen hinweg auf Ressourcen zugreifen können.
- **Beispiele**: ADFS (Active Directory Federation Services), Shibboleth.

Jedes dieser Systeme und Lösungen spielt eine spezifische Rolle im breiteren IAM-Ökosystem. Sie wirken zusammen, um

Unternehmensressourcen zu schützen und gleichzeitig sicherzustellen, dass Benutzer den erforderlichen Zugriff haben, um ihre Aufgaben effektiv zu erfüllen. Mit zunehmenden Bedrohungen und dem Wachstum von Unternehmen erweitert sich die IAM-Landschaft kontinuierlich und integriert neue Technologien und Ansätze, um die komplexen Herausforderungen der Identitätsverwaltung und -sicherung zu meistern.

AKTIVES VERZEICHNIS

Microsoft Active Directory (AD) ist ein von Microsoft entwickelter Verzeichnisdienst für Windows-Domänennetzwerke. Er ist in den meisten Windows Server-Betriebssystemen als Satz von Prozessen und Diensten enthalten. Ursprünglich mit Windows 2000 Server veröffentlicht, hat es sich zu einem unverzichtbaren Tool für die Verwaltung und Sicherung von IT-Umgebungen in Unternehmen jeder Größe entwickelt. Active Directory bietet eine Vielzahl von Funktionen, darunter Verzeichnisdienste, Identitätsverwaltung, Zugriffsverwaltung und Netzwerkdienste.

Kernfunktionen und Features

1. **Verzeichnisdienste**AD besteht im Kern aus einer Datenbank und einer Reihe von Diensten, die Informationen über Netzwerkressourcen wie Benutzer, Gruppen, Computer, Drucker und Dateifreigaben speichern und – noch wichtiger – verwalten. Die Informationen sind hierarchisch organisiert,

sodass Administratoren und Benutzer die Daten leicht finden und verwalten können.

2. **Identitätsverwaltung**AD verwaltet Benutzeridentitäten und Anmeldeinformationen. Es speichert Informationen zu Benutzerkonten, einschließlich Namen, Passwörtern, Telefonnummern usw., sodass Administratoren Benutzerkonten erstellen, ändern und löschen können. Es unterstützt außerdem Kennwortrichtlinien, die Sicherheitsanforderungen wie Kennwortkomplexität und Ablaufdatum durchsetzen.

3. **Zugriffsverwaltung**: AD steuert den Zugriff auf Netzwerkressourcen durch Authentifizierung und Autorisierung. Die Authentifizierung überprüft die Identität eines Benutzers bei der Anmeldung am Netzwerk, während die Autorisierung seine Zugriffsrechte auf Ressourcen basierend auf seiner Identität, Gruppenmitgliedschaften und Richtlinien bestimmt.

4. **Gruppenrichtlinie**Eine der leistungsstärksten Funktionen von AD ist die Gruppenrichtlinie. Sie ermöglicht es Administratoren, spezifische Konfigurationen oder Richtlinien für Benutzer und Computer innerhalb der Domäne zu implementieren. Diese Richtlinien können alles steuern, von den Desktop-Einstellungen der Benutzer über die Softwareinstallation bis hin zu den Sicherheitseinstellungen, und sorgen so für eine konsistente und sichere Umgebung.

5. **Domänendienste**AD DS (Active Directory Domain Services) ist der Grundstein von AD und ermöglicht Unternehmen den Aufbau einer sicheren, hierarchischen Domänenstruktur. Domänen bieten einen zentralen Zugriffspunkt für Netzwerkadministration und -sicherheit, und Domänencontroller authentifizieren und autorisieren alle Benutzer und Computer in einer Domäne.

6. **Lightweight Directory Access Protocol (LDAP)**: AD verwendet LDAP als Zugriffsprotokoll und ermöglicht Anwendungen die Kommunikation damit, um Verzeichnisinformationen abzurufen.

7. **Verbunddienste**: Active Directory Federation Services (ADFS) ist eine optionale Komponente, die Single Sign-On (SSO) bereitstellt, um einen Benutzer während einer

einzigen Onlinesitzung über mehrere Webanwendungen hinweg zu authentifizieren.

8. **Zertifikatsdienste**: AD CS (Active Directory Certificate Services) bietet einen anpassbaren Satz von Diensten, der es der Organisation ermöglicht, öffentliche Schlüsselzertifikate auszustellen und zu verwalten und die Sicherheit des Netzwerks durch Verschlüsselung, digitale Signaturen und sichere E-Mail (S/MIME) zu verbessern.

9. **Rechteverwaltungsdienste (RMS)**AD RMS ist eine Serversoftware zur Verwaltung von Informationsrechten, die mit Windows Server ausgeliefert wird. Sie nutzt Verschlüsselung und selektive Funktionsverweigerung, um den Zugriff auf Dokumente wie Unternehmens-E-Mails, Microsoft Word-Dokumente und Webseiten sowie die darauf durch autorisierte Benutzer ausführbaren Vorgänge einzuschränken.

Verwendung von Microsoft Active Directory

- **Zentralisiertes Ressourcen- und Benutzermanagement**: Administratoren können Benutzer, Gruppen und Geräte von einem einzigen Standort aus verwalten und so Verwaltungsaufgaben rationalisieren.
- **Verbesserte Sicherheit**: Durch Gruppenrichtlinien und Zugriffskontrollen trägt AD dazu bei, die IT-Umgebung vor unbefugtem Zugriff und potenziellen Verstößen zu schützen.
- **Erleichterter Ressourcenzugriff**: Benutzer profitieren von SSO und nahtlosem Zugriff auf Anwendungen und Dienste innerhalb des Netzwerks.
- **Compliance und Audit**: AD unterstützt die Einhaltung verschiedener gesetzlicher Anforderungen, indem es Tools zur Überwachung, Meldung und Prüfung von Benutzeraktivitäten und -zugriffen bereitstellt.
- **Interoperabilität**: Active Directory unterstützt die Integration mit einer breiten Palette von Anwendungen und Diensten, einschließlich Lösungen von Drittanbietern, über LDAP und andere APIs.

Microsoft Active Directory ist zu einem grundlegenden Element der IT-Infrastruktur geworden und bietet die notwendigen Tools für die effektive Verwaltung von Benutzern und Ressourcen, die Durchsetzung von Sicherheitsrichtlinien und den Zugriff auf Netzwerkressourcen. Dank seines umfangreichen Funktionsumfangs und seiner Skalierbarkeit eignet es sich für Unternehmen aller Größenordnungen – von kleinen bis hin zu großen Unternehmen.

ORACLE IDENTITY MANAGER

Oracle Identity Manager (OIM) ist eine umfassende Identity-Governance-Lösung, die Benutzeridentitäten, deren Authentifizierung, Autorisierung, Rollen und Berechtigungen innerhalb eines unternehmensweiten IT-Ökosystems verwaltet. Als Teil der Identity and Access Management (IAM) Suite von Oracle automatisiert und optimiert OIM den Lebenszyklus-Managementprozess von Benutzeridentitäten – vom Onboarding bis zum Offboarding – über eine Vielzahl von lokalen und Cloud-basierten Anwendungen hinweg. OIM bietet leistungsstarke Funktionen zur Verbesserung von Sicherheit, Compliance und Effizienz bei der Verwaltung digitaler Identitäten.

Kernfunktionen und Features

1. **Automatisiertes Benutzer-Lebenszyklusmanagement**: OIM automatisiert kritische Prozesse wie die Bereitstellung und Debereitstellung von Benutzern, die Rollenzuweisung und die Verwaltung von Zugriffsrechten. Diese Automatisierung erstreckt sich über den gesamten Benutzerlebenszyklus, reduziert manuelle Verwaltungsaufgaben erheblich und verbessert die betriebliche Effizienz.

2. **Zugriffsverwaltung**: Es bietet umfassende Tools zur Verwaltung und Durchsetzung von Zugriffsrichtlinien und stellt sicher, dass Benutzer entsprechend ihrer Rolle im Unternehmen über die entsprechenden Zugriffsrechte verfügen. OIM unterstützt die rollenbasierte Zugriffskontrolle (RBAC) und kann Richtlinien zur Funktionstrennung (SoD) durchsetzen, um Risiken zu minimieren und gesetzliche Standards einzuhalten.

3. **Self-Service-Portal**: OIM umfasst ein Self-Service-Portal, über das Benutzer ihre Profile verwalten, Zugriff auf Ressourcen anfordern, Passwörter zurücksetzen und ihre Anmeldeinformationen selbstständig verwalten können. Dies reduziert den Arbeitsaufwand der IT-Abteilungen und verbessert die Benutzerzufriedenheit.

4. **Erweiterte Workflow-Engine**Die Plattform verfügt über eine hochentwickelte Workflow-Engine, die den Genehmigungsprozess für Zugriffsanfragen und andere identitätsbezogene Änderungen automatisiert. Diese Engine ist hochgradig konfigurierbar und ermöglicht es Unternehmen, komplexe Workflows zu definieren, die ihren internen Richtlinien und Verfahren entsprechen.

5. **Compliance und Auditing**OIM bietet umfassende Tools für das Compliance-Management, darunter detaillierte Berichte und Prüfprotokolle, die Zugriffsrechte, Richtlinienverstöße und Änderungen an Benutzeridentitäten dokumentieren. Diese Funktion ist entscheidend für die Einhaltung gesetzlicher Anforderungen und die Durchführung interner Audits.

6. **Integrationsmöglichkeiten**Oracle Identity Manager bietet umfassende Integrationsmöglichkeiten für eine Vielzahl von Unternehmensanwendungen, Verzeichnissen und Cloud-Diensten. Mithilfe von Konnektoren und APIs synchronisiert er Benutzerdaten und setzt Zugriffsrichtlinien in verschiedenen IT-Umgebungen durch.

7. **Privilegierte Kontoverwaltung**: Während sich OIM in erster Linie auf die Verwaltung regulärer Benutzerkonten konzentriert, kann es zur verbesserten Kontrolle über privilegierte Konten in den Privileged Account Manager (OPAM) von Oracle integriert werden und so eine zusätzliche Sicherheitsebene für vertrauliche Vorgänge hinzufügen.

Anwendungsfälle

- **Optimiertes Onboarding und Offboarding**: Automatisiert den Prozess der Gewährung oder des Widerrufs des Zugriffs auf IT-Ressourcen, wenn Mitarbeiter dem Unternehmen beitreten, innerhalb des Unternehmens wechseln oder es verlassen.

- **Zugriffs-Compliance**: Hilft Organisationen, gesetzliche Standards wie DSGVO, HIPAA, SOX und mehr einzuhalten, indem Zugriffsrichtlinien durchgesetzt und detaillierte Prüfprotokolle geführt werden.
- **Rollenverwaltung**: Vereinfacht das Erstellen, Ändern und Löschen von Rollen sowie die Zuweisung von Benutzern zu diesen Rollen und stellt sicher, dass die Zugriffsrechte konsistent mit den Arbeitsfunktionen übereinstimmen.
- **Passwortverwaltung**: Bietet eine zentrale Plattform zur Verwaltung von Benutzerkennwörtern über mehrere Systeme hinweg und verbessert so die Sicherheit und den Benutzerkomfort.
- **Workflow für Zugriffsanforderungen**: Ermöglicht Benutzern, über ein Self-Service-Portal Zugriff auf Ressourcen anzufordern, mit automatisierten Workflows zur Genehmigung, wodurch die Effizienz und Kontrolle der Zugriffsverwaltung verbessert wird.

Vorteile

- **Verbesserte Sicherheit**: Durch die Automatisierung der Verwaltung von Benutzeridentitäten und Zugriffsrechten reduziert OIM das Risiko eines unbefugten Zugriffs und potenzieller Sicherheitsverletzungen.
- **Verbesserte Compliance**: Die Audit- und Berichtsfunktionen der Lösung erleichtern es Unternehmen, gesetzliche Anforderungen zu erfüllen und Audits zu bestehen.
- **Gesteigerte Effizienz**: Durch die Automatisierung routinemäßiger Identitäts- und Zugriffsverwaltungsaufgaben werden IT-Ressourcen für strategischere Initiativen frei.
- **Benutzerermächtigung**: Mithilfe von Self-Service-Funktionen können Benutzer ihren Zugriff und ihre Anmeldeinformationen verwalten, wodurch die Abhängigkeit vom IT-Support verringert und das Benutzererlebnis verbessert wird.

Oracle Identity Manager ist ein leistungsstarkes Tool für Unternehmen, die ihre Identity Governance und ihr Zugriffsmanagement verbessern möchten. Durch die Automatisierung wichtiger Prozesse, die Bereitstellung robuster

Compliance-Tools und eines benutzerfreundlichen Self-Service-Portals unterstützt OIM Unternehmen dabei, ihre IT-Umgebungen zu sichern, gesetzliche Vorschriften einzuhalten und die Betriebseffizienz zu steigern. Als Teil der umfassenden IAM-Suite von Oracle lässt es sich nahtlos in andere Sicherheits- und Unternehmenslösungen integrieren und ist somit eine vielseitige Wahl für moderne Unternehmen.

OKTA

Okta ist ein cloudbasierter Dienst für Identitäts- und Zugriffsmanagement (IAM), der eine umfassende Suite von Tools bietet, die den Benutzerzugriff auf Anwendungen und Daten unternehmensweit sichern. Okta wurde 2009 gegründet und hat sich zu einer der führenden IAM-Lösungen entwickelt. Das Unternehmen bietet skalierbare und flexible Identitätsmanagementfunktionen für Unternehmen jeder Größe, vom Kleinunternehmen bis zum Großkonzern. Die Okta-Plattform basiert auf dem Prinzip des sicheren, nahtlosen Zugriffs von jedem Gerät, überall und jederzeit. Damit ist sie ein Eckpfeiler moderner Sicherheitsarchitekturen, die Cloud Computing, mobile Geräte und Remote-Arbeit umfassen.

Kernfunktionen und Features

1. **Einmaliges Anmelden (SSO)**: Die SSO-Funktion von Okta ermöglicht Benutzern den Zugriff auf alle ihre Anwendungen mit einem einzigen Satz Anmeldeinformationen. Dadurch entfällt die Notwendigkeit mehrerer Passwörter und der Benutzerkomfort und die Sicherheit werden verbessert.

2. **Multi-Faktor-Authentifizierung (MFA)**: Okta erhöht die Sicherheit, indem Benutzer für den Zugriff zwei oder mehr Verifizierungsfaktoren angeben müssen. Dadurch wird das Risiko eines unbefugten Zugriffs aufgrund kompromittierter Anmeldeinformationen erheblich reduziert.

3. **Universelles Verzeichnis**: Ein flexibler, cloudbasierter Benutzerspeicher, der Benutzeridentitäten, Gruppen und Geräte anwendungsübergreifend verwaltet, egal ob lokal oder in der Cloud. Er unterstützt zahlreiche Verzeichnisintegrationsoptionen, darunter Active Directory, LDAP und HR-Systeme.

4. **Lebenszyklusverwaltung**: Automatisiert Benutzerlebenszyklusprozesse wie Bereitstellung, Bereitstellungsaufhebung und Rollenzuweisungen basierend auf HR-Triggern oder anderen Geschäftsereignissen und stellt sicher, dass die Zugriffsrechte genau auf die Rollen und Status der Benutzer abgestimmt sind.

5. **API-Zugriffsverwaltung**: Okta bietet eine sichere, identitätsbasierte Zugriffskontrolle für APIs und ermöglicht es Unternehmen, vertrauliche Daten und Dienste zu schützen, indem sichergestellt wird, dass nur autorisierte Benutzer und Dienste darauf zugreifen können.

6. **Adaptive MFA und Sicherheitsrichtlinien**: Bietet risikobasierte Zugriffsrichtlinien, die sich an den Kontext des Benutzers anpassen, z. B. Standort, Gerät, Netzwerk und Verhaltensmuster, um dynamische Sicherheit zu bieten, die Benutzerfreundlichkeit mit dem Bedarf an robustem Schutz in Einklang bringt.

7. **Identitätsverwaltung und -administration (IGA)**: Bietet Tools zum Verwalten und Durchsetzen von Richtlinien für Zugriffsanfragen, Genehmigungen, Zertifizierungen und Aufgabentrennung und unterstützt Unternehmen dabei, Compliance-Anforderungen zu erfüllen und Risiken zu minimieren.

8. **B2B- und B2C-Lösungen**: Okta unterstützt sowohl Business-to-Business- (B2B) als auch Business-to-Consumer- (B2C) Szenarien, ermöglicht eine sichere Zusammenarbeit mit Partnern und bietet ein nahtloses, sicheres Kundenerlebnis über Web- und Mobilanwendungen hinweg.

Anwendungsfälle

- **Mitarbeiteridentitätsmanagement**: Okta sichert den Zugriff der Mitarbeiter auf Tools und Daten, optimiert das Benutzererlebnis und setzt gleichzeitig strenge Sicherheitsrichtlinien durch.
- **Kundenidentitäts- und Zugriffsverwaltung (CIAM)**: Verbesserung des Kundenerlebnisses durch Bereitstellung eines sicheren und reibungslosen Zugriffs auf Onlinedienste und -anwendungen.
- **Sicherer Fernzugriff**: Ermöglicht Remote- und mobilen Mitarbeitern den sicheren Zugriff auf Unternehmensressourcen, ohne Kompromisse bei der Sicherheit einzugehen.
- **Zusammenarbeit mit Anbietern und Partnern**: Ermöglichen Sie externen Partnern, Anbietern und Auftragnehmern einen sicheren Zugriff, um eine effektive Zusammenarbeit zu ermöglichen, ohne vertrauliche Informationen preiszugeben.
- **Compliance und Datenschutz**: Unterstützt Organisationen bei der Einhaltung gesetzlicher Anforderungen wie DSGVO, CCPA, HIPAA und mehr durch die Bereitstellung robuster Zugriffskontrollen und Prüffunktionen.

Vorteile

- **Verbesserte Sicherheit**: Durch die Zentralisierung des Identitätsmanagements und die Durchsetzung strenger Authentifizierungs- und Autorisierungsrichtlinien reduziert Okta das Risiko von Datenverletzungen und anderen Sicherheitsvorfällen erheblich.
- **Betriebseffizienz**: Die Automatisierung von Identitäts- und Zugriffsverwaltungsprozessen reduziert den

Verwaltungsaufwand für IT-Teams und optimiert den Benutzerzugriff.

- **Skalierbarkeit**: Dank der Cloud-nativen Architektur können Unternehmen ihre IAM-Lösungen problemlos skalieren, wenn sie wachsen, und so einer steigenden Anzahl von Benutzern und Anwendungen gerecht werden, ohne dass zusätzliche Hardware erforderlich ist.
- **Flexibilität**: Die Plattform von Okta ist äußerst flexibel und lässt sich in eine breite Palette von Anwendungen, Systemen und Diensten integrieren und unterstützt sowohl Cloud- als auch lokale Umgebungen.
- **Benutzererfahrung**: Durch die Bereitstellung eines nahtlosen Zugriffs auf Anwendungen und Dienste verbessert Okta die Produktivität und Zufriedenheit von Mitarbeitern, Kunden und Partnern.

Okta zeichnet sich als umfassende, cloudbasierte Identitäts- und Zugriffsmanagementlösung aus, die eine Vielzahl von IAM-Herausforderungen moderner Unternehmen bewältigt. Der Fokus auf Sicherheit, Benutzerfreundlichkeit und Betriebseffizienz, kombiniert mit Flexibilität und Skalierbarkeit, macht Okta zu einem wertvollen Tool für Unternehmen, die ihre digitalen Assets sichern und gleichzeitig Nutzern weltweit einen nahtlosen Zugriff ermöglichen möchten.

AZURE ACTIVE DIRECTORY

Microsoft Azure Active Directory (Azure AD) ist ein cloudbasierter Identitäts- und Zugriffsverwaltungsdienst von Microsoft. Er unterstützt Unternehmen bei der Verwaltung von Benutzeridentitäten und der Erstellung sicherer Zugriffsrichtlinien für Anwendungen und Ressourcen – sowohl in der Cloud als auch vor Ort. Azure AD ist eine wichtige Komponente der Cloud-Infrastruktur von Microsoft und eng mit Office 365, Microsoft 365, Azure-Diensten und Tausenden weiterer SaaS-Anwendungen integriert. Es bietet eine umfassende Lösung für die Identitäts- und Zugriffsverwaltung.

Kernfunktionen und Features

1. **Einmaliges Anmelden (SSO)**: Azure AD ermöglicht Benutzern den Zugriff auf mehrere Anwendungen und Dienste mit einem einzigen Satz Anmeldeinformationen und sorgt so für ein nahtloses und effizientes Benutzererlebnis bei gleichzeitiger Verbesserung der Sicherheit.

2. **Multi-Faktor-Authentifizierung (MFA)**: Es erhöht die Sicherheit, indem es zwei oder mehr Überprüfungsmethoden zur Authentifizierung der Benutzeridentitäten erfordert, z. B. ein Kennwort, einen Telefonanruf, eine Textnachricht oder eine Benachrichtigung über eine mobile App.

3. **Bedingter Zugriff**: Mit dieser Funktion können Organisationen detaillierte Zugriffsrichtlinien basierend auf Benutzer, Gerät, Standort und Risikofaktoren erstellen und durchsetzen. So wird sichergestellt, dass nur autorisierte Benutzer unter den richtigen Bedingungen auf vertrauliche Informationen zugreifen können.

4. **Geräteverwaltung**: Azure AD lässt sich in Microsoft Intune und andere Geräteverwaltungslösungen integrieren, um einen sicheren und verwalteten Zugriff auf Unternehmensressourcen von jedem Gerät aus zu ermöglichen.

5. **Verzeichnisdienste**: Es bietet umfassende Verzeichnisdienste, die erweiterte Funktionen wie hierarchische Struktur, gruppenbasierte Verwaltung, Anwendungsintegration und LDAP-Unterstützung (Lightweight Directory Access Protocol) umfassen.

6. **Identitätsschutz**: Azure AD Identity Protection nutzt erweiterte Analysen, um potenzielle Sicherheitsrisiken zu erkennen, die die Identitäten einer Organisation beeinträchtigen, automatisierte Antworten auf erkannte Probleme zu konfigurieren und verdächtiges Identitätsverhalten zu untersuchen.

7. **B2B-Zusammenarbeit**: Mit Azure AD können Organisationen Anwendungen und Dienste sicher mit Gastbenutzern aus anderen Organisationen teilen und gleichzeitig die Kontrolle über ihre eigenen Unternehmensdaten behalten.

8. **B2C (Business-to-Consumer)**: Azure AD B2C ist eine Lösung für das Kundenidentitätszugriffsmanagement, die Unternehmen die Möglichkeit bietet, durch skalierbares und

sicheres Identitätsmanagement und Zugriffskontrolle mit ihren Kunden in Kontakt zu treten.

9. **Hybride Identität**: Azure AD bietet eine nahtlose Integration mit dem lokalen Active Directory und ermöglicht es Unternehmen, in Cloud- und lokalen Umgebungen eine konsistente Identität aufrechtzuerhalten.

Anwendungsfälle

- **Unternehmensmobilität und Sicherheit**: Azure AD unterstützt den sicheren Remotezugriff auf Anwendungen und Daten, steigert die Produktivität und gewährleistet gleichzeitig Datensicherheit und Compliance.
- **Cloud-Migration**: Für Organisationen, die in die Cloud wechseln, erleichtert Azure AD den Übergang, indem es cloudbasierte Identitäten neben vorhandenen lokalen Identitäten verwaltet.
- **Entwickler-Support**: Azure AD bietet Entwicklern eine Identitätsplattform zum Erstellen von Anwendungen, die Benutzer anmelden, APIs schützen und die Microsoft Graph-API aufrufen.
- **Globale Zusammenarbeit**: Es ermöglicht Organisationen die globale Zusammenarbeit, indem sie ihre Anwendungen sicher mit Partnern und Lieferanten außerhalb ihrer Unternehmensgrenzen teilen.

Vorteile

- **Verbesserte Sicherheit**: Azure AD bietet robuste Sicherheitsfunktionen, einschließlich bedingtem Zugriff und MFA, wodurch das Risiko von Sicherheitsverletzungen verringert wird.
- **Skalierbarkeit**: Da es sich bei Azure AD um einen Cloud-basierten Dienst handelt, lässt er sich problemlos skalieren, um den wachsenden Anforderungen von Unternehmen gerecht zu werden – vom kleinen Startup bis zum Großkonzern.
- **Integration**: Die tiefe Integration mit dem Ökosystem von Microsoft und Tausenden von SaaS-Anwendungen von Drittanbietern rationalisiert den Betrieb und steigert die Produktivität.

- **Einhaltung**: Azure AD unterstützt Organisationen bei der Einhaltung verschiedener gesetzlicher Standards, indem es umfassende Sicherheits- und Zugriffsverwaltungsfunktionen bereitstellt.
- **Kosteneffizienz**: Durch die Verringerung der Abhängigkeit von der lokalen Infrastruktur und die Vereinfachung der Identitätsverwaltung kann Azure AD zur Senkung der gesamten IT-Kosten beitragen.

Abschluss

Microsoft Azure Active Directory ist ein leistungsstarker, skalierbarer und sicherer cloudbasierter Identitäts- und Zugriffsverwaltungsdienst. Dank seines umfassenden Funktionsumfangs können Unternehmen Benutzeridentitäten verwalten, den Zugriff auf Anwendungen sichern und Compliance-Anforderungen effizient erfüllen. Die Integrationsmöglichkeiten von Azure AD machen es zu einem unverzichtbaren Tool für Unternehmen, die Cloud-Dienste, insbesondere innerhalb des Microsoft-Ökosystems, nutzen und so eine sichere und nahtlose digitale Transformation ermöglichen.

CYBERARK

CyberArk ist ein umfassendes Unternehmen für Cybersicherheitssoftware, das sich auf Privileged Access Management (PAM) spezialisiert hat und eine Vielzahl von Sicherheitslösungen zum Schutz vor komplexen Cyberbedrohungen anbietet. CyberArk wurde 1999 gegründet und ist führend im Schutz von Unternehmen vor Cyberangriffen, die auf Insider-Privilegien abzielen und so das Herz des Unternehmens treffen. Die Lösungssuite von CyberArk unterstützt Unternehmen dabei, ihre wichtigsten und wertvollsten Assets in Cloud-, lokalen und hybriden Umgebungen zu schützen.

Kernfunktionen und Features

1. **Sicherheit für privilegierten Zugriff**Das Kernangebot von CyberArk konzentriert sich auf die

Sicherung privilegierter Konten, die aufgrund ihres umfassenden Zugriffs auf kritische Systeme und Daten häufig im Visier von Angreifern stehen. Die Lösung ermöglicht sichere Verwaltung, Überwachung und Kontrolle des privilegierten Kontozugriffs in der gesamten IT-Umgebung.

2. **Geheimnisverwaltung**: CyberArk sichert und verwaltet von Maschinen und Anwendungen verwendete Geheimnisse wie API-Schlüssel, SSH-Schlüssel und andere Anmeldeinformationen und stellt sicher, dass diese kritischen Elemente sicher gespeichert und der Zugriff streng kontrolliert und überwacht wird.

3. **Endpoint Privilege Manager**: Diese Lösung konzentriert sich auf die Minimierung von Risiken auf Endpunkten durch Entfernen lokaler Administratorrechte, Durchsetzen von Richtlinien mit geringsten Berechtigungen und Kontrollieren von Anwendungen auf Windows- und Unix/Linux-Servern und -Arbeitsstationen, um Malware oder Angriffe zu verhindern, die privilegierte Konten ausnutzen.

4. **Cloud-Berechtigungsmanager**: Ein Sicherheitsdienst, der Transparenz und Kontrolle über Berechtigungen und Berechtigungen in Cloud-Umgebungen bietet. Er unterstützt die Durchsetzung des Prinzips der geringsten Rechte, indem er übermäßige Berechtigungen und ungenutzte Konten identifiziert und entsprechende Abhilfemaßnahmen empfiehlt.

5. **Zugriffssicherheit für DevOps**: CyberArk sichert die DevOps-Pipeline und den Anwendungsentwicklungslebenszyklus durch die Verwaltung von Geheimnissen und Anmeldeinformationen und stellt so sicher, dass der Zugriff auf kritische Ressourcen während des gesamten Entwicklungsprozesses gesichert ist.

6. **Just-In-Time-Zugriff**: Diese Funktion bietet eine adaptive Berechtigungsverwaltung, die Benutzern bei Bedarf und für eine begrenzte Zeit privilegierten Zugriff gewährt und die Risikofläche durch die Beseitigung ständiger Berechtigungen reduziert.

7. **Bedrohungserkennung und -reaktion**CyberArk bietet Tools zur Erkennung, Warnung und Reaktion auf Bedrohungen im Zusammenhang mit privilegiertem Zugriff. Es nutzt Verhaltensanalysen zur Identifizierung verdächtiger

Aktivitäten und kann Reaktionen auf potenzielle Sicherheitsvorfälle automatisieren.

Anwendungsfälle

- **Schutz vor externen und internen Bedrohungen**: CyberArk schützt vor Bedrohungen durch externe Angreifer und böswillige Insider, indem es sicherstellt, dass der privilegierte Zugriff genau überwacht und kontrolliert wird.
- **Compliance und Audit**: Hilft Unternehmen, Compliance-Anforderungen in Bezug auf privilegierten Zugriff und Datenschutz zu erfüllen, indem detaillierte Protokollierungs-, Überwachungs- und Berichtsfunktionen bereitgestellt werden.
- **Sichere Anwendungsentwicklung**: Durch die Verwaltung und Sicherung von Geheimnissen und Anmeldeinformationen stellt CyberArk sicher, dass Anwendungsentwicklungsprozesse sicher und konform sind.
- **Cloud-Sicherheit**: Sichert Cloud-Umgebungen durch die Verwaltung von Zugriff und Berechtigungen und stellt sicher, dass Cloud-Workloads und -Dienste vor unbefugtem Zugriff geschützt sind.
- **Betriebseffizienz**: Automatisiert die Verwaltung privilegierter Konten und Anmeldeinformationen, reduziert den manuellen Aufwand und verbessert die Sicherheitslage, ohne die Betriebseffizienz zu beeinträchtigen.

Vorteile

- **Verbesserte Sicherheit**: Die Lösungen von CyberArk bieten robusten Schutz für privilegierte Konten und Anmeldeinformationen und verringern das Risiko von Datenverletzungen und Cyberangriffen.
- **Betriebseffizienz**: Durch die Automatisierung der Verwaltung privilegierter Zugriffe und Geheimnisse verbessert CyberArk die Betriebseffizienz und verringert das Risiko menschlicher Fehler.
- **Compliance und Governance**: CyberArk unterstützt die Einhaltung verschiedener gesetzlicher Anforderungen, indem es umfassende Tools zur Überwachung,

Berichterstattung und Prüfung privilegierter Zugriffe bereitstellt.

- **Skalierbarkeit**: Die Lösungen von CyberArk sind so konzipiert, dass sie mit der Organisation skalieren und eine breite Palette von Umgebungen unterstützen, von lokalen Rechenzentren bis hin zu Cloud- und Hybridumgebungen.
- **Flexibilität**: CyberArk bietet eine flexible Plattform, die sich in eine breite Palette von IT-Systemen, Anwendungen und Cloud-Diensten integrieren lässt und so einen umfassenden Schutz in der gesamten digitalen Landschaft des Unternehmens gewährleistet.

Abschluss

CyberArk zeichnet sich im Bereich Cybersicherheit als spezialisierter Anbieter von Lösungen für privilegiertes Zugriffsmanagement aus und bietet eine umfassende Suite von Tools zum Schutz von Unternehmen vor den fortschrittlichsten Cyberbedrohungen. Durch den Fokus auf die Sicherheit privilegierter Konten und Anmeldeinformationen unterstützt CyberArk Unternehmen beim Schutz ihrer wichtigsten Vermögenswerte und gewährleistet so Geschäftskontinuität und die Einhaltung gesetzlicher Standards.

SEGELPUNKT

SailPoint Technologies Holdings, Inc., allgemein bekannt als SailPoint, ist ein führendes Unternehmen im Bereich Enterprise Identity Governance und bietet innovative Lösungen für die Verwaltung und Sicherung digitaler Identitäten. Das 2005 gegründete Unternehmen mit Hauptsitz in Austin, Texas, hat sich zu einem wichtigen Akteur im Markt für Identity Governance und - administration (IGA) entwickelt. Die Plattform ermöglicht Unternehmen die effiziente Verwaltung digitaler Identitäten und stellt sicher, dass die richtigen Personen zum richtigen Zeitpunkt und aus den richtigen Gründen den richtigen Zugriff auf die richtigen Ressourcen haben. Dies verbessert sowohl die Sicherheit als auch die Compliance.

Kernfunktionen und Features

1. **Identitätsverwaltung**SailPoint bietet umfassende Identity-Governance-Funktionen, die es Unternehmen ermöglichen, IAM-Richtlinien zu definieren, durchzusetzen, zu überprüfen und zu auditieren sowie verwertbare Informationen und Geschäftseinblicke bereitzustellen. Dies trägt dazu bei, Risiken zu minimieren, die Einhaltung gesetzlicher Vorschriften zu gewährleisten und die allgemeine Sicherheitslage zu verbessern.

2. **Zugriffsverwaltung**SailPoint vereinfacht mit seiner intuitiven Benutzeroberfläche die Verwaltung des Benutzerzugriffs auf Anwendungen und Daten in Cloud-, lokalen und hybriden Umgebungen. Dies umfasst die automatische Bereitstellung und Aufhebung von Zugriffen, Self-Service-Zugriffsanfragen und die Kennwortverwaltung.

3. **Automatisierte Bereitstellung und Debereitstellung**: SailPoint automatisiert den Prozess der Gewährung und des Widerrufs des Zugriffs auf Unternehmensressourcen, wodurch die Betriebseffizienz erheblich verbessert und das Risiko eines unbefugten Zugriffs verringert wird.

4. **Compliance-Management**: Die Plattform unterstützt umfassende Compliance-Kontrollen und revisionssichere Berichtsfunktionen. Sie unterstützt Unternehmen bei der Einhaltung gesetzlicher Vorschriften, indem sie Einblicke darüber bietet, wer worauf Zugriff hat, wie dieser gewährt wurde und ob der Zugriff weiterhin erforderlich ist.

5. **Rollenbasierte Zugriffskontrolle (RBAC)**: SailPoint ermöglicht es Organisationen, Rollen innerhalb ihrer IT-Umgebung zu definieren und Zugriffsrechte basierend auf diesen Rollen zuzuweisen, wodurch der Zugriffskontrollprozess optimiert und das Risiko übermäßiger oder unangemessener Zugriffe verringert wird.

6. **Funktionstrennung (SoD)**: Um Risiken zu minimieren und Betrug zu verhindern, unterstützt SailPoint die Durchsetzung von SoD-Richtlinien, indem sichergestellt wird, dass widersprüchliche Zugriffsrechte nicht derselben Person zugewiesen werden.

7. **Erweiterte Analysen und Berichte**: SailPoint nutzt erweiterte Analysefunktionen, um Einblick in Zugriffsmuster

und potenzielle Sicherheitsrisiken zu geben und so umsetzbare Erkenntnisse zur Verbesserung von Sicherheit und Compliance zu liefern.

8. **Identitätsanalyse**: Durch die Nutzung künstlicher Intelligenz und maschinellen Lernens ermöglichen die Identitätsanalysefunktionen von SailPoint Unternehmen, Risiken in Echtzeit zu erkennen und darauf zu reagieren, wodurch die Entscheidungsfindung in Bezug auf Zugriffs- und Identitätsmanagement verbessert wird.

Anwendungsfälle

- **Verbesserte Sicherheit und Compliance**: Organisationen nutzen SailPoint, um ihre Sicherheitslage zu stärken und die Einhaltung verschiedener gesetzlicher Rahmenbedingungen sicherzustellen, indem sie den Benutzerzugriff effektiv verwalten und kontrollieren.
- **Effiziente Identitätsprozesse**: SailPoint automatisiert und rationalisiert Identitätsprozesse wie Bereitstellung, Kennwortverwaltung und Zugriffszertifizierungen und führt so zu betrieblicher Effizienz.
- **Risikomanagement**: Durch die Bereitstellung umfassender Transparenz bei Zugriffsrechten und Aktivitäten hilft SailPoint Unternehmen dabei, potenzielle Risiken im Zusammenhang mit dem Benutzerzugriff zu erkennen und zu mindern.
- **Sichere Zusammenarbeit**: SailPoint erleichtert die sichere Zusammenarbeit innerhalb und außerhalb der Organisation, indem es den Zugriff auf gemeinsam genutzte Ressourcen verwaltet und regelt.

Vorteile

- **Reduzierte IT-Komplexität**: SailPoint vereinfacht die Verwaltung von Benutzeridentitäten und Zugriffsrechten in einer Vielzahl von Umgebungen und reduziert so die IT-Komplexität und den IT-Aufwand.
- **Verbesserte Benutzererfahrung**: Durch die Automatisierung zugriffsbezogener Prozesse verbessert SailPoint das Benutzererlebnis und ermöglicht Benutzern

einen schnellen und sicheren Zugriff auf die benötigten Ressourcen.

- **Verbesserte Sicherheitslage**: Durch robuste Governance- und Compliance-Funktionen hilft SailPoint Unternehmen dabei, ihre allgemeine Sicherheitslage zu verbessern und das Risiko von Datenschutzverletzungen zu verringern.

- **Skalierbarkeit**: Die Lösungen von SailPoint sind so konzipiert, dass sie mit dem Wachstum des Unternehmens mitwachsen und Wachstum und Änderungen in der IT-Umgebung berücksichtigen, ohne Kompromisse bei Sicherheit oder Leistung einzugehen.

SailPoint bietet eine umfassende Lösung für Identitätsverwaltung und -management und unterstützt Unternehmen dabei, digitale Identitäten effektiv und sicher zu verwalten. Durch die Kombination aus fortschrittlicher Analytik, robustem Compliance-Management und automatisierten Identitätsprozessen unterstützt SailPoint Unternehmen dabei, die komplexen Herausforderungen der Benutzerzugriffsverwaltung in den dynamischen und zunehmend Cloud-zentrierten IT-Umgebungen von heute zu meistern. Der Fokus auf Innovation und Kundenerfolg hat SailPoint zum bevorzugten Partner für Unternehmen gemacht, die ihre Identitätsverwaltungsstrategien verbessern möchten.

ADFS

Active Directory Federation Services (ADFS) ist eine Single Sign-On (SSO)-Lösung, die von Microsoft als Teil des Windows Server-Betriebssystems entwickelt wurde. ADFS bietet Benutzern nahtlosen, sicheren Zugriff auf Anwendungen und Systeme über Unternehmensgrenzen hinweg mit nur einem Satz Anmeldeinformationen. Dies wird durch den Einsatz von föderiertem Identitätsmanagement erreicht, das die Integration von Active Directory (AD) mit anderen Identitätsmanagementsystemen ermöglicht und webbasierte Anwendungen unterstützt, unabhängig davon, ob diese lokal oder in der Cloud gehostet werden.

Kernfunktionen und Features

1. **Föderation und Vertrauen**ADFS ermöglicht es verschiedenen Organisationen, Vertrauensbeziehungen aufzubauen. So können Benutzer einer Organisation auf Ressourcen und Anwendungen einer anderen Organisation zugreifen, ohne mehrere Benutzernamen und Passwörter zu benötigen. Dies ist besonders nützlich für die Zusammenarbeit mit Partnern, Lieferanten und Auftragnehmern.

2. **Einmaliges Anmelden (SSO)**: Mit ADFS erhalten Benutzer SSO-Zugriff auf mehrere Systeme und Anwendungen. Das reduziert die Passwortmüdigkeit und verbessert die allgemeine Sicherheit. Benutzer melden sich einmal an und erhalten Zugriff auf alle autorisierten Ressourcen, ohne sich erneut authentifizieren zu müssen.

3. **Anspruchsbasierte Authentifizierung**ADFS verwendet eine anspruchsbasierte Authentifizierung, bei der Benutzerattribute (Ansprüche) wie E-Mail-Adresse oder Abteilung verarbeitet werden, um Autorisierungsentscheidungen zu treffen. Dies bietet eine flexible und leistungsstarke Möglichkeit, den Benutzerzugriff basierend auf ihren Attributen zu verwalten.

4. **Integration mit Active Directory**ADFS lässt sich nahtlos in bestehende Active Directory-Umgebungen integrieren und nutzt AD als autoritativen Benutzerspeicher. So können Unternehmen die föderierte Zugriffskontrolle in einer vertrauten Umgebung verwalten.

5. **Unterstützung für Standardprotokolle**: ADFS unterstützt standardmäßige Webidentitätsprotokolle wie SAML (Security Assertion Markup Language), WS-Federation und OAuth und ist daher mit einer Vielzahl von Anwendungen und Diensten kompatibel.

6. **Sicherer Tokendienst (STS)**: ADFS fungiert als Security Token Service (STS), der im Namen authentifizierter Benutzer Token an Clients ausgibt. Diese Token enthalten Ansprüche, die den Benutzer beschreiben und für den sicheren Zugriff auf Anwendungen verwendet werden können.

7. **Anpassbare Anmeldeseiten**: Organisationen können die ADFS-Anmeldeseiten an ihre Branding- und

Benutzererfahrungsanforderungen anpassen und Benutzern so ein nahtloses und integriertes Anmeldeerlebnis bieten.

8. Unterstützung der Multi-Faktor-Authentifizierung: ADFS unterstützt die Multi-Faktor-Authentifizierung (MFA) und fügt eine zusätzliche Sicherheitsebene hinzu, indem Benutzer vor dem Zugriff mehrere Formen der Verifizierung durchführen müssen.

Anwendungsfälle

- **Geschäftszusammenarbeit**: ADFS ermöglicht Unternehmen eine effektivere Zusammenarbeit mit externen Partnern, Lieferanten und Kunden, indem es einen sicheren Zugriff auf interne Anwendungen ermöglicht, ohne dass externe Benutzerkonten verwaltet werden müssen.
- **Hybrid Cloud-Zugriff**: Für Organisationen mit einer Hybrid-Cloud-Umgebung erleichtert ADFS den sicheren Zugriff auf lokale und Cloud-basierte Anwendungen und gewährleistet so ein konsistentes Benutzererlebnis.
- **Mobiler Zugriff**: ADFS unterstützt den sicheren Zugriff von Mobilgeräten und ermöglicht Benutzern den Zugriff auf Unternehmensanwendungen von unterwegs unter Beibehaltung der Sicherheitskontrollen.
- **Compliance und Auditing**: Die Verwendung von ADFS kann Unternehmen dabei helfen, Compliance-Anforderungen im Zusammenhang mit Zugriffsverwaltung und -kontrolle zu erfüllen, da es detaillierte Protokollierungs- und Prüffunktionen bietet.

Vorteile

- **Verbesserte Sicherheit**: Durch die Aktivierung von SSO und MFA reduziert ADFS das Risiko von kennwortbezogenen Sicherheitsverletzungen und stellt gleichzeitig sicher, dass der Zugriff auf Ressourcen sicher verwaltet wird.
- **Verbesserte Benutzerproduktivität**: Benutzer profitieren vom vereinfachten Zugriff auf Anwendungen und Dienste, wodurch Anmeldeprobleme und Supportanrufe reduziert werden.

- **Reduzierter Verwaltungsaufwand**: ADFS minimiert die Notwendigkeit der Verwaltung mehrerer Benutzerkonten und Passwörter und verringert so den Verwaltungsaufwand und die Komplexität.
- **Flexibilität und Skalierbarkeit**: ADFS ist äußerst flexibel und kann an die Anforderungen von Organisationen jeder Größe angepasst werden, wobei eine breite Palette von Anwendungen und Diensten unterstützt wird.

Abschluss

ADFS ist ein leistungsstarkes Tool zur Verwaltung föderierter Identitäten und Zugriffe. Damit können Unternehmen die Reichweite ihrer Active Directory-Umgebungen über ihre Unternehmensgrenzen hinaus erweitern. Durch die Unterstützung von Standardprotokollen und Funktionen wie SSO, MFA und anspruchsbasierter Authentifizierung bietet ADFS einen sicheren, effizienten und benutzerfreundlichen Zugriff auf Anwendungen im Web, in der Cloud und in mobilen Umgebungen. Da Unternehmen zunehmend enger mit externen Partnern zusammenarbeiten und Hybrid-Cloud-Strategien einsetzen, ist ADFS eine wichtige Komponente für die sichere und effektive Verwaltung von Zugriffen und Identitäten.

IDENTITÄT IN DER CLOUD

Cloud Computing hat die Art und Weise, wie wir Anwendungen entwickeln und bereitstellen, grundlegend verändert. Die meisten Anwendungen laufen heute in der Cloud und werden als Service angeboten. Dieser Wandel erstreckt sich auch auf die Identitätsverwaltung. Früher waren Unternehmen für alle Aspekte des Identitätsmanagements verantwortlich – vom Kauf der Hardware über die Installation der Software bis hin zur Zusammenstellung eines Teams für deren Betrieb und Wartung. Mit dem Aufkommen von Cloud-Diensten hat sich dieses Paradigma jedoch geändert. Cloudbasierte Identitätslösungen übernehmen diese Dienste für Sie, vereinfachen den Verwaltungsprozess und senken die Kosten.

Einer der größten Vorteile von Cloud-Identitätsdiensten ist ihre mühelose Skalierbarkeit. Mit der Expansion eines Unternehmens steigt der Bedarf an zusätzlichen Ressourcen. Cloud-Identitätsdienste erfüllen diesen Bedarf durch einfache Skalierung und unterstützen so mehr Benutzer und Geräte ohne zusätzliche Infrastruktur – ein echter Vorteil. Darüber hinaus steigert Cloud-Identität die Produktivität, indem sie Benutzern schnellen und sicheren Zugriff auf ihre Anwendungen von jedem Ort und jedem Gerät aus ermöglicht – ein entscheidender Vorteil im Zeitalter der allgegenwärtigen Remote-Arbeit.

Dieser Komfort bringt jedoch auch Herausforderungen mit sich. Zwar ist es vorteilhaft, diese komplexen Systeme von einer anderen Stelle verwalten zu lassen, doch die Abhängigkeit von externen Anbietern bedeutet, dass sich etwaige Serviceunterbrechungen direkt auf Ihren Betrieb auswirken. Im Falle eines Ausfalls liegt die Behebung und Wiederherstellung von Diensten nicht in Ihrer Hand, und längere Ausfallzeiten können den Zugriff auf wichtige Anwendungen erheblich beeinträchtigen. Darüber hinaus gibt es Überlegungen zum Datenschutz. Die Erstellung digitaler Identitäten erfordert die Erfassung umfangreicher personenbezogener Daten, deren Verarbeitung Sie dann einem externen Cloud-Dienst anvertrauen.

Die Umstellung auf Cloud-basiertes Identitätsmanagement markiert einen signifikanten Wandel in der Sicherung und Verwaltung von Identitäten. Dieser wird mit der fortschreitenden digitalen Transformation in Unternehmen weiter zunehmen. Stellen Sie sich vor, Sie sollen in einer Präsentation die Vor- und Nachteile der Cloud-Identität erläutern und insbesondere hervorheben, wie sie die wachsende Nutzernachfrage bewältigt.

BERECHTIGUNGSVERWALTUNG FÜR CLOUD-INFRASTRUKTUREN (CIEM)

Cloud Infrastructure Entitlement Management (CIEM) ist eine spezielle Sicherheitsmethode zur Überwachung von Identitäten und deren Zugriff in Cloud- und Multi-Cloud-Frameworks. Dies umfasst alles von Anwendungen und Datenbanken bis hin zu File-Sharing-Systemen. Im Wesentlichen ist jedes Cloud-Asset mit einer zugehörigen Berechtigung ausgestattet, die dann einem Benutzer entweder direkt oder über eine hierarchische Struktur zugewiesen wird. Beispielsweise könnte Martha direkt eine Administratorberechtigung erhalten oder einer Gruppe „Administratoren" angehören, die mit einer Serverrolle verknüpft ist, die der Administratorberechtigung zugeordnet ist und ihr letztendlich Administratorrechte für eine Cloud-Ressource gewährt.

Doch warum ist das wichtig? Cloud-Ressourcen sind von Natur aus dynamisch und universell zugänglich, was die Verwaltung von Zugriffsberechtigungen zu einer komplexen Herausforderung macht. Jeder Cloud-Service-Anbieter bietet ein individuelles Zugriffsmodell und eine Methode zur Zuweisung von Benutzerzugriffen. Angesichts der zunehmenden Verbreitung von Cloud Computing ist es entscheidend, zu verstehen, wie sich der Zugriff effizient verwalten und überwachen lässt, um Datenschutzverletzungen und Cybersicherheitsbedrohungen vorzubeugen. Hier setzt CIEM an: Es bietet Einblicke in die Zugriffsrechte in Cloud-Umgebungen und klärt, wer auf bestimmte Ressourcen zugreifen darf und aus welchen Gründen.

Sie fragen sich vielleicht, wie sich dies von Identity Governance, dem Hauptthema dieses Buches, unterscheidet. Ihre Beobachtung ist tatsächlich treffend. Dieser Übergang führt uns zu unserem nächsten Diskussionspunkt: Wie Identity Governance and Administration (IGA) mit CIEM integriert wird, um einen umfassenden Ansatz für die Verwaltung und Sicherung von Identität und Zugriff in der Cloud zu schaffen.

Betrachten wir ikonische Kombinationen, bei denen die Erwähnung des einen unweigerlich das andere in den Sinn bringt. Ganz oben auf der Liste fällt uns vielleicht Erdnussbutter und Gelee ein – eine klassische Kombination. Ähnlich, wenn auch weniger kulinarisch, bilden CIEM und IGA eine perfekte Kombination im Bereich der Cybersicherheit. Auch wenn sie vielleicht nicht gerade ein Gaumenschmaus sind, ist ihre Synergie für die Sicherung von Cloud-Umgebungen unerlässlich. CIEM ist darauf spezialisiert, präzise Einblicke darüber zu bieten, wer Zugriff auf bestimmte Cloud-basierte Ressourcen hat, und ermöglicht so Transparenz über Ressourcen, Berechtigungen und deren Eigentümer. Doch das Erkennen dieser Details ist nur der Anfang; die eigentliche Herausforderung liegt in der Governance.

Um den Zugriff effektiv zu verwalten, muss ein Unternehmen den Lebenszyklus der Berechtigungen überwachen und sicherstellen, dass diese den Unternehmensrichtlinien entsprechen und regelmäßig überprüft werden. CIEM wird somit zu einem wichtigen Bestandteil eines umfassenderen Identity-Governance-Frameworks und ermöglicht die Strukturierung von Cloud-Ressourcen für ein besseres Management.

Ein Beispiel hierfür ist Acme, das seine Amazon Web Services (AWS)- und Okta-Umgebungen integriert. Durch die Einrichtung einer Föderation zwischen Okta und AWS können Mitarbeiter nahtlos über Okta auf AWS zugreifen, ohne sich erneut anmelden zu müssen. Ihre Okta-Attribute, einschließlich Gruppenmitgliedschaften, werden dabei in AWS gespiegelt. Diese Integration ermöglicht es den Acme-Administratoren, AWS-Berechtigungen dynamisch an Änderungen der Okta-Gruppenmitgliedschaften anzupassen – ein reibungsloser und effizienter Prozess.

Es gibt jedoch einen kleinen Haken: Der direkte Zusammenhang zwischen Okta-Gruppen und den von ihnen erteilten AWS-Berechtigungen ist nicht immer klar. Bei Zugriffsüberprüfungen im IGA-System von Acme können Manager zwar die Okta-Gruppenmitgliedschaften einsehen, erfassen aber möglicherweise nicht den vollen Umfang der damit verbundenen Cloud-Berechtigungen. Die Integration eines CIEM-Systems schafft Klarheit, indem es den Zusammenhang zwischen Okta-Gruppen und AWS-Berechtigungen transparent macht.

Gemeinsam stärken CIEM und IGA das Zugriffsmanagement und verbinden umfassende Übersicht mit detaillierten Informationen, die für das Verständnis von Zugriffsrechten unerlässlich sind. Diese Kombination stellt sicher, dass Unternehmen den Zugriff verwalten und sichern können, ohne die Feinheiten der Zugriffsberechtigungen in der Cloud zu übersehen.

IAM-Verteidigungsmethoden und -Abhilfemaßnahmen

Identitätsverwaltung

Identity Governance orchestriert die Zugriffskontrolle in einem Unternehmen und überwacht jede Anmeldung, jedes Passwort, jede Gruppe, jede Rolle und jedes Privileg. Im Wesentlichen erfordert Identity Governance bei der Zugriffskontrolle nicht nur Überwachung, sondern auch die Überprüfung, ob die Zuordnung zur entsprechenden Rolle erfolgt. Sie gewährleistet die Einhaltung gesetzlicher Standards und sorgt für eine geordnete Verwaltung. Vergleichbar mit einem wichtigen Geschirrspüler in einer geschäftigen Küche ermöglicht Identity Governance Unternehmen, die Überwachung dieser Elemente zu zentralisieren und zu automatisieren. Identity Governance verfolgt drei Hauptziele. Hier eine Übersicht: Das erste Ziel ist es, sicherzustellen, dass Personen über die für ihre Aufgaben erforderlichen Zugriffsrechte verfügen. Diese werden über das Rollenmanagement eines Identity-Governance-Frameworks verwaltet. Dabei werden Berechtigungen in

Rollen gebündelt, die Benutzern basierend auf ihren Aufgabenanforderungen zugewiesen werden. Das zweite Ziel ist die Vereinfachung des Zugriffsmanagement-Workflows durch das Zugriffsanforderungsmanagement. Diese Funktion optimiert den Prozess für Benutzer, Zugriffsanfragen und die Genehmigungserteilung durch Administratoren und Manager und stellt sicher, dass jede Anfrage dokumentiert wird. Das dritte Ziel konzentriert sich auf die Einhaltung gesetzlicher Vorschriften, die durch die Synthese aller Komponenten, insbesondere durch Zugriffszertifizierungen und Richtlinienmanagement, erreicht wird. Identity Governance ist somit der zentrale Mechanismus im Bereich Identitäts- und Zugriffsmanagement. Sie ermöglicht es Unternehmen, alle internen Identitäten zu überwachen, ihre Zugriffsberechtigungen zu regeln und die Einhaltung systematisch sicherzustellen. Lassen Sie uns nun die Bedeutung dieses Prozesses näher betrachten.

Große Unternehmen oder Unternehmen bestimmter Branchen stehen oft vor der Herausforderung, bestimmte regulatorische Standards einzuhalten. Um diese Verpflichtungen zu vereinfachen, haben Softwareanbieter Tools entwickelt, die bei der Bewältigung dieser Komplexitäten helfen. Ein Beispiel hierfür ist das Unternehmen Acme. Es beschäftigt 100 Mitarbeiter, darunter fünf Administratoren, die umfassendere Zugriffsrechte benötigen als andere Mitarbeiter. Acme möchte sicherstellen, dass jeder neue Mitarbeiter vom ersten Tag an genau die Zugriffsrechte erhält, die er für seine Rolle benötigt. Ein Beispiel hierfür ist Susana, die als Softwareentwicklerin bei Acme anfängt. Für ihre täglichen Aufgaben benötigt sie Zugriff auf Plattformen wie GitHub und AWS, benötigt jedoch keinen Zugriff auf die Verwaltungsfunktionen der Finanz- oder HR-Systeme. Durch den Einsatz einer Identity Governance and Administration (IGA)-Lösung kann Acme die Vergabe der entsprechenden Zugriffsrechte an Mitarbeiter optimieren und sicherstellen, dass die Zugriffsrechte bei Arbeitsbeginn korrekt und zeitnah eingerichtet werden.

Die Zugriffsverwaltung erfordert einen erheblichen Verwaltungsaufwand. Dazu gehören die Einrichtung von Benutzerkonten, die Überwachung des Kontozugriffs, die Bearbeitung von Zugriffsanfragen, die Einholung von Genehmigungen für Kontozuweisungen und vor allem die

Sicherstellung der Compliance sowie die Erstellung von Berichten für Audits. Manuell könnte sich dieser Prozess über Wochen hinziehen – ein für die meisten unpraktischer Zeitrahmen. Ein IGA-System kann diese Aufgaben jedoch automatisieren und auf wenige Minuten reduzieren. Diese Effizienz spart nicht nur Zeit, sondern halbiert auch den Arbeitsaufwand. Es ist also an der Zeit, die Zugriffsverwaltungspraktiken Ihres Unternehmens zu evaluieren. Berücksichtigen Sie die einzuhaltenden Vorschriften, die Dauer der Gewährung des erforderlichen Zugriffs und wie IGA die Effizienz Ihres Unternehmens in diesen Bereichen steigern kann. Identitäts- und Zugriffsmanagement (IAM) umfasst mehr als nur eine einzelne Operation oder Technologie; es ist ein integriertes Framework aus Systemen und Prozessen, die zusammenarbeiten. Innerhalb dieses Frameworks spielt Identity Governance eine entscheidende Rolle. Jedes IAM-Element spielt eine entscheidende Rolle für den Schutz eines Unternehmens. Identity Governance bildet dabei den Kern und gewährleistet Compliance und Effizienz. Ähnlich wie in unserem Nachtclub-Szenario integriert sich jede IAM-Komponente nahtlos in die anderen, um die Vermögenswerte eines Unternehmens zu schützen. Überlegen Sie, wie diese IAM-Elemente in Ihrer eigenen Organisation strukturiert sind.

TIEFENVERTEIDIGUNG

Defense-in-Depth verkörpert im Wesentlichen einen mehrschichtigen Sicherheitsansatz, der die Abhängigkeit von einem einzigen Sicherheitsperimeter zum umfassenden Schutz Ihrer Umgebung vermeidet. Stattdessen integriert es mehrere Verteidigungsebenen, um unbefugten Zugriff selbst dann zu verhindern, wenn eine Ebene durchbrochen wird. Lassen Sie uns Defense-in-Depth aus interner Perspektive betrachten und dabei mit der Datensicherheit beginnen.

Sicherheitsmaßnahmen auf der Datenebene umfassen die Zugriffskontrolle auf Geschäfts- und Kundendaten sowie den Einsatz von Verschlüsselung zum Schutz der Daten im Ruhezustand, während der Übertragung und während der Nutzung. Auf der Anwendungsebene liegt der Schwerpunkt darauf, sicherzustellen, dass Anwendungen geprüft, sicher und frei von Schwachstellen sind.

Auf der Rechenebene umfasst die Sicherung des Zugriffs auf virtuelle Maschinen die Schließung bestimmter Ports, den Einsatz hostbasierter Schutzmaßnahmen wie Anti-Malware und Firewalls sowie die Verstärkung der Client-Endpunkte, um die Sicherheit der Benutzerzugriffsendpunkte zu gewährleisten.

Netzwerksicherheit umfasst Maßnahmen wie Netzwerksegmentierung und Zugriffskontrollen, um die Ressourcenkommunikation einzuschränken. Am Sicherheitsperimeter werden verschiedene Maßnahmen zur Abwehr von Angriffen eingesetzt, darunter die Abwehr von Distributed Denial of Service (DDoS), um groß angelegte Angriffe abzuwehren, bevor sie den Dienst unterbrechen. Zu diesen Maßnahmen können Firewalls oder Intrusion-Prevention-Systeme gehören.

Identitäts- und Zugriffskontrollen wie Multifaktor-Authentifizierung und rollenbasierte Zugriffskontrolle sowie Richtlinien wie Änderungsmanagement erhöhen die Sicherheit zusätzlich. Darüber hinaus sind physische Sicherheitsmaßnahmen, wie z. B. der eingeschränkte Zugang zu Rechenzentren, unerlässlich, um den Zugriff ausschließlich autorisiertem Personal zu ermöglichen.

Unsere Tool-Implementierung und Sicherheitsstrategie sollten mit den Zielen der CIA-Triade übereinstimmen. Vertraulichkeit gewährleistet die Vertraulichkeit sensibler Daten wie Kundendaten oder Finanzinformationen. Integrität schützt die Datenintegrität und stellt sicher, dass empfangene Nachrichten mit den gesendeten übereinstimmen. Verfügbarkeit, der letzte Bestandteil der Triade, stellt sicher, dass Daten bei Bedarf für autorisierte Benutzer zugänglich sind.

Zusammenfassend lässt sich sagen, dass es wichtig ist, die Grundlagen der mehrstufigen Verteidigung und ihre Schnittstelle zu Konzepten wie Zero Trust und Datensicherheit zu verstehen.

BEDROHUNGSFLÄCHEN UND ANGRIFFSMETHODEN, DENEN IAM-BEREICHE AUSGESETZT SIND

Identity and Access Management (IAM)-Systeme sind wichtige Komponenten der IT-Sicherheitsinfrastruktur eines Unternehmens. Sie verwalten Benutzeridentitäten und kontrollieren den Zugriff auf Ressourcen. Allerdings sind IAM-Systeme nicht immun gegen Bedrohungen. Nachfolgend finden Sie eine umfassende Liste potenzieller Angriffsmethoden und Bedrohungen, denen diese Systeme ausgesetzt sein können:

1. **Phishing-Angriffe**: Mit Phishing-E-Mails verleiten Cyberkriminelle Benutzer dazu, ihre Anmeldedaten preiszugeben, die dann für den unbefugten Zugriff auf Systeme und Daten verwendet werden können.

2. **Passwortangriffe**: Dazu gehören Brute-Force-Angriffe (Ausprobieren aller möglichen Kombinationen), Wörterbuchangriffe (unter Verwendung einer vorgefertigten Liste wahrscheinlicher Passwörter) und Credential Stuffing (unter Verwendung zuvor kompromittierter Benutzernamen- und Passwortpaare).

3. **Man-in-the-Middle (MitM)-Angriffe**: Angreifer fangen legitime Kommunikation zwischen einem Benutzer und einem IAM-System ab, um Anmeldeinformationen abzugreifen oder Transaktionen zu manipulieren.

4. **Sitzungsentführung**: Cyberkriminelle nutzen Sitzungskontrollmechanismen aus und stehlen oder manipulieren Sitzungstoken, um unbefugten Zugriff auf Systeme zu erhalten.

5. **Rechteerweiterung**: Angreifer nutzen Schwachstellen in Systemen oder Anwendungen aus, um über das beabsichtigte Maß hinaus erweiterte Zugriffsrechte zu erlangen.

6. **Identitätsfälschung**: Identitätsbetrug gegenüber einem anderen Benutzer durch Fälschung von Identitätsdaten, häufig um unbefugten Zugriff oder Privilegien zu erlangen.

7. **Insider-Bedrohungen**: Böswillige Insider oder verärgerte Mitarbeiter missbrauchen ihre legitimen

Zugriffsrechte, um Daten zu stehlen oder Systeme zu sabotieren.

8. **Soziales Engineering**: Neben Phishing umfasst dies auch Vortäuschen, Ködern und andere betrügerische Praktiken, die darauf abzielen, Personen zur Preisgabe vertraulicher Informationen zu manipulieren.

9. **Zero-Day-Schwachstellen**: Ausnutzen unbekannter Schwachstellen in IAM-Software, bevor diese gepatcht werden.

10. **Malware**: Einschließlich Spyware, Keylogger und Trojaner, die darauf ausgelegt sind, Systeme zu infiltrieren, um Anmeldeinformationen zu stehlen oder IAM-Prozesse zu manipulieren.

11. **Anwendungsfehler**: Ausnutzen von Schwachstellen beim Design und der Implementierung von IAM-Lösungen, wie z. B. SQL-Injection oder Cross-Site-Scripting (XSS) in Webanwendungen.

12. **API-Sicherheitslücken**: Angriffe auf unzureichend gesicherte APIs, die mit IAM-Systemen interagieren, wodurch möglicherweise vertrauliche Informationen offengelegt oder unbefugter Zugriff ermöglicht wird.

13. **Kontenaufzählung und erratbares Benutzerkonto**: Verwenden Sie automatisierte Methoden, um gültige Benutzerkonten anhand von Fehlermeldungen oder vorhersehbaren Schemata zur Erstellung von Benutzer-IDs zu ermitteln.

14. **Token-Diebstahl oder -Fälschung**: Stehlen oder Fälschen von Authentifizierungstoken oder Cookies, um eine legitime Benutzersitzung vorzutäuschen.

15. **Denial-of-Service-Angriffe (DoS)**: Überlastung von IAM-Systemen mit übermäßigen Anfragen, wodurch legitime Benutzer am Zugriff auf Ressourcen gehindert werden.

16. **Angriffe auf die Lieferkette**: Gefährdung von Komponenten oder Diensten von Drittanbietern, die in IAM-Systeme integriert sind, um Zugriff zu erhalten oder Dienste zu stören.

17. **Fehlkonfigurationen der Cloud-Infrastruktur**: Ausnutzen von Fehlkonfigurationen in Cloud-basierten IAM-Implementierungen, was zu unbefugtem Zugriff oder Datenfreigabe führt.

18. **KI-gestützte Angriffe**: Einsatz von KI und maschinellem Lernen zur Automatisierung von Angriffsmethoden, um diese effizienter und schwieriger zu erkennen zu machen.

Effektive IAM-Sicherheitsmaßnahmen müssen mehrschichtig sein und strenge Richtlinien, regelmäßige Audits, Benutzerschulungen und fortschrittliche Sicherheitstechnologien umfassen, um diese Bedrohungen zu erkennen und einzudämmen.

SANIERUNGS- UND ABWEHRMETHODEN IM IAM-BEREICH

Im Bereich Identity and Access Management (IAM) sind die Abwehr von Bedrohungen und die Implementierung von Sanierungsstrategien entscheidend für den Schutz der digitalen Ressourcen eines Unternehmens. Nachfolgend finden Sie eine Liste wichtiger Abwehr- und Sanierungsmethoden im IAM-Bereich, die auf die vielfältigen Bedrohungen für diese Systeme zugeschnitten sind:

Starke Authentifizierungsmechanismen

Implementierung: Nutzen Sie die Multi-Faktor-Authentifizierung (MFA), um zusätzliche Sicherheitsebenen über Passwörter hinaus zu schaffen. Dies kann etwas umfassen, das der Benutzer weiß (Passwort), etwas, das der Benutzer besitzt (Sicherheitstoken, Smartphone-App) und etwas, das der Benutzer ist (Biometrie).

Behebung: Aktualisieren Sie die Authentifizierungsmechanismen regelmäßig, um die neuesten Sicherheitstechnologien zu integrieren und neue Schwachstellen zu beheben.

Regelmäßige Durchsetzung der Kennwortrichtlinie

Implementierung: Setzen Sie strenge Kennwortrichtlinien durch, die Komplexität, Länge und regelmäßige Änderungen erfordern.

Abhilfe: Implementieren Sie Kontosperrungsrichtlinien nach einer bestimmten Anzahl fehlgeschlagener Anmeldeversuche, um Brute-Force-Angriffe zu verhindern.

Privileged Access Management (PAM)

Implementierung: Verwenden Sie PAM-Lösungen, um privilegierte Konten zu überwachen und zu steuern, und wenden Sie dabei das Prinzip der geringsten Privilegien an.

Abhilfe: Überprüfen und widerrufen Sie regelmäßig unnötige privilegierte Zugriffe und verwenden Sie die Sitzungsüberwachung für Prüf- und forensische Zwecke.

Umfassendes Benutzer-Lebenszyklus-Management

Implementierung: Automatisieren Sie den Onboarding- und Offboarding-Prozess, um eine rechtzeitige Bereitstellung und Aufhebung des Benutzerzugriffs sicherzustellen.

Abhilfe: Führen Sie regelmäßige Zugriffsüberprüfungen und - zertifizierungen durch, um sicherzustellen, dass die Zugriffsrechte aktuell und korrekt sind.

Identitätsföderation und Single Sign-On (SSO)

Implementierung: Implementieren Sie SSO und Identitätsföderation, um die Kennwortmüdigkeit zu minimieren und die Angriffsfläche zu reduzieren.

Behebung: Überwachen Sie föderierte Identitätsverwaltungssysteme auf ungewöhnliches Verhalten oder Verstöße und aktualisieren Sie die Föderationsvereinbarungen regelmäßig.

Schulung zum Sicherheitsbewusstsein

Umsetzung: Führen Sie regelmäßig Sicherheitsschulungen für

alle Benutzer durch, mit Schwerpunkt auf Phishing, Social Engineering und sicheren Kennwortpraktiken.

Behebung: Aktualisieren Sie die Schulungsinhalte regelmäßig, um die neuesten Bedrohungen und Best Practices zu berücksichtigen.

Regelmäßige Sicherheitsaudits und Compliance-Prüfungen

Implementierung: Führen Sie regelmäßige Sicherheitsprüfungen und Compliance-Checks durch, um Schwachstellen in IAM-Systemen zu identifizieren und zu beheben.

Behebung: Implementieren Sie empfohlene Sicherheitskontrollen und -praktiken, die während der Audits ermittelt wurden, um die festgestellten Risiken zu mindern.

Funktionstrennung (SoD)

Implementierung: Implementieren Sie SoD-Richtlinien in IAM-Prozessen, um Betrug zu verhindern und das Risiko eines unbefugten Zugriffs zu verringern.

Behebung: Überprüfen und passen Sie die SoD-Kontrollen regelmäßig an, um sie an Änderungen in Geschäftsprozessen und Rollen anzupassen.

Durch die Einführung dieser Abwehrmethoden und Sanierungsstrategien kann die IAM-Sicherheitslage eines Unternehmens erheblich verbessert werden. Dadurch wird es widerstandsfähiger gegen Bedrohungen und kann effektiver auf Vorfälle reagieren.

SOCIAL-ENGINEERING-ANGRIFFE

IT-Sicherheitsexperten sind nicht nur digitalen Bedrohungen, sondern auch menschlichen Gefahren wie Social Engineering ausgesetzt, die zu den heimtückischsten Risiken zählen. Social Engineering nutzt psychologische Manipulation, um Personen zu Sicherheitsverletzungen zu zwingen, was die Abwehr erschwert. Beispielsweise könnte ein Angreifer, der sich als Helpdesk-Techniker ausgibt, einen Benutzer dazu verleiten, sein Passwort telefonisch preiszugeben.

Diese Angriffe ähneln einem Betrug und sind aus verschiedenen Gründen erfolgreich, darunter Autorität, Einschüchterung, Konsens, Knappheit, Dringlichkeit und Vertrautheit. Psychologische Studien zeigen immer wieder, dass Menschen dazu neigen, sich Autoritätspersonen zu unterwerfen, wie Stanley Milgrams berühmtes Experiment belegt. Ähnlich berichtet Hacker Kevin Mitnick von einem Vorfall, bei dem ein Social Engineer das Sicherheitszentrum eines Casinos infiltrierte, indem er Autorität ausstrahlte und so die Mitarbeiter zur Gehorsam zwang.

Einschüchterung ist eine weitere wirksame Taktik, bei der Personen durch Angst und Drohungen zur Einhaltung gezwungen werden. Beispielsweise könnte sich ein Social Engineer als Verwaltungsassistent ausgeben und eine Passwortzurücksetzung für eine Führungskraft fordern und mit Einschüchterungstaktiken Druck auf die Helpdesk-Mitarbeiter ausüben.

Konsens nutzt die Herdenmentalität aus, bei der Individuen in unsicheren Situationen dem Verhalten anderer folgen. Knappheit manipuliert Individuen zu hastigem Handeln, um vermeintliche Chancen zu nutzen, wie man bei der Veröffentlichung von Unterhaltungselektronik sieht. Dringlichkeit erzeugt Druck zu schnellem Handeln, indem zeitkritische Szenarien inszeniert werden, beispielsweise indem man sich als Netzwerktechniker ausgibt, der sofortigen Zugriff benötigt.

Schließlich spielt auch Vertrautheit oder Sympathie eine Rolle, da Menschen eher dazu neigen, sich denen zu fügen, die sie mögen. Social Engineers nutzen dies aus, indem sie durch Schmeicheleien und vorgetäuschte Beziehungen Vertrauen aufbauen.

Die Aufklärung der Benutzer über diese Taktiken ist für die organisatorische Verteidigung von entscheidender Bedeutung. Jeder sollte wachsam sein gegenüber Außenstehenden, die Autorität,

Einschüchterung, Konsens, Knappheit, Dringlichkeit und Vertrautheit nutzen, um an vertrauliche Informationen zu gelangen. In diesem Zusammenhang ist Vorsicht geboten.

IDENTITÄTSBETRUGSANGRIFFE

Lassen Sie uns untersuchen, wie Spam neben verschiedenen Hoaxes durch Identitätsbetrug ein wirksames Instrument für Social Engineering darstellt. Spam, auch als Unsolicited Commercial Email (UCE) bezeichnet, umfasst unerwünschte Nachrichten, die zu Marketing- oder Identitätsdiebstahlzwecken verwendet werden. Obwohl viele dieser Nachrichten gegen den CAN-SPAM Act verstoßen, gestaltet sich die Verfolgung der Täter aufgrund der Identifizierungsschwierigkeiten schwierig.

Phishing, eine Untergruppe von Spam, zielt darauf ab, vertrauliche Informationen wie Passwörter von Nutzern zu erbeuten. Phishing-Nachrichten sind typischerweise Teil größerer Angriffe und verleiten Nutzer dazu, vertrauliche Daten preiszugeben, oft über gefälschte Formulare oder Links. Social Engineers verstärken die Legitimität der Nachrichten, indem sie Tags wie „sicher" voranstellen und so eine Überprüfung durch Anti-Phishing-Maßnahmen suggerieren. Diese Tags werden jedoch von Angreifern hinzugefügt.

Das Abgreifen von Anmeldeinformationen stellt eine erhebliche Bedrohung dar, da Benutzer Passwörter häufig plattformübergreifend verwenden. Spear-Phishing, eine hochgradig zielgerichtete Form des Phishings, richtet Angriffe gezielt an bestimmte Gruppen, beispielsweise Mitarbeiter kleiner Unternehmen, und erhöht so die Erfolgsquote. Whaling, eine Unterform des Spear-Phishings, zielt auf Führungskräfte ab, um Einfluss oder Autorität zu erlangen. Dabei kommen häufig Taktiken wie gefälschte Rechtsdokumente zum Einsatz.

Rechnungsbetrug, eine weit verbreitete Variante des Spear-Phishings, zielt darauf ab, Buchhaltungsabteilungen zur Bezahlung gefälschter Rechnungen zu verleiten. Pharming-Angriffe verstärken Phishing-Bemühungen, indem sie gefälschte Websites erstellen, die oft legitime Websites imitieren, um Benutzeranmeldeinformationen zu sammeln. Beim Vishing (Voice Phishing) wird Social Engineering über Telefonanrufe eingesetzt, um vertrauliche Informationen zu erbeuten. Beim Smishing werden Instant-Messaging-Dienste genutzt, um Spam und Phishing-Nachrichten zu verbreiten.

Angreifer nutzen Spoofing-Techniken, um ihre Identität zu verschleiern und E-Mails, Anrufer-IDs oder SMS-Nachrichten zu fälschen. Manche Social-Engineering-Versuche mögen zwar rudimentär erscheinen, doch ihr Erfolg hängt davon ab, auch nur ein einziges Opfer zu erreichen. Daher sind Aufklärung und Sensibilisierung die wichtigsten Schutzmaßnahmen gegen solche Angriffe.

IDENTITÄTSBETRUG

Identitätsdiebstahl ist ein weit verbreitetes Problem, das sich eher gegen Einzelpersonen als gegen große Organisationen richtet. Ziel ist es, persönliche Daten für betrügerische Zwecke zu missbrauchen, beispielsweise um gefälschte Konten zu eröffnen oder Gelder zu stehlen. Die Statistiken zum Identitätsdiebstahl sind besorgniserregend: Die Zahl der gemeldeten Fälle ist in den letzten Jahren deutlich gestiegen, wie Daten des Consumer Sentinel Network der Federal Trade Commission belegen.

Pretexting ist eine häufige Taktik bei Identitätsdiebstahl. Dabei kontaktiert der Täter einen Dritten und gibt sich als Opfer aus, um Zugriff auf dessen Konten zu erhalten. Diese Taktik dient oft als erster Schritt in einem größeren Identitätsdiebstahl. Stellen Sie sich beispielsweise ein Szenario vor, in dem ein Angreifer namens Jan sein Opfer Joseph ins Visier nimmt, um auf Norms Bankkonto zuzugreifen. Jan weiß, dass es schwierig ist, Norms Passwort direkt zu erraten, und greift daher auf Social-Engineering-Taktiken zurück.

Zunächst erfährt Jan, dass Norms Bank eine Möglichkeit zum Zurücksetzen des Passworts per SMS-Verifizierung an eine registrierte Telefonnummer anbietet. Da er keinen Zugriff auf Norms Telefon hat, ruft Jan Norms Telefonanbieter an und versucht, ihn davon zu überzeugen, Norms Nummer auf ein neues Gerät zu übertragen. Obwohl Jan zunächst an Sicherheitsfragen scheitert, sucht er in den sozialen Medien nach Hinweisen. Als er Norms Urlaubsgewohnheiten und den Namen seines Haustiers aus öffentlichen Posts erfährt, ruft Jan den Anbieter erneut an, gibt sich als Norm aus und beantwortet erfolgreich Sicherheitsfragen mithilfe der gesammelten Informationen.

Nachdem Norms Telefonnummer auf Jans Gerät übertragen wurde, löst Jan den Passwort-Reset-Prozess der Bank aus. Die Bank sendet einen Passcode an das nun verknüpfte Telefon, mit dem Jan Norms Bankpasswort zurücksetzen und unbefugten Zugriff auf sein Konto erhalten kann. Pretexting stellt aufgrund seiner Vielschichtigkeit eine erhebliche Herausforderung für Verteidigungsstrategien dar und erfordert Wachsamkeit bei jedem Schritt des Authentifizierungsprozesses. Unternehmen sollten ihre Authentifizierungsprotokolle auf Schwachstellen prüfen, die anfällig für Pretexting-Angriffe sind.

WASSERSTELLE

Wasserlochangriffe nutzen raffinierte Taktiken, um ahnungslose Benutzer anzulocken und ihre Systeme mit Malware zu infizieren. In der Natur dienen Wasserlöcher als Sammelplatz für Tiere, insbesondere in trockenen Regionen mit Wasserknappheit. Wasserlöcher sind zwar überlebenswichtig, bergen aber auch Risiken: Krankheiten können sich durch die gemeinsame Nutzung von Wasserquellen leicht verbreiten, und Raubtiere lauern oft auf gefährdete Beute.

Auch im digitalen Bereich dienen Websites als bevorzugte Brutstätten für die Verbreitung von Malware. Wenn Nutzer eine Website besuchen, schenken sie ihr automatisch ein gewisses Vertrauen – vergleichbar mit der Ansprache eines Bekannten statt einer Interaktion mit einem Fremden. Webbrowser sowie deren Add-ons und Erweiterungen stellen häufige Schwachstellen dar und werden bei solchen Angriffen häufig ausgenutzt.

Watering-Hole-Angriffe fallen unter die Kategorie der clientseitigen Angriffe, die Schwachstellen im Clientsystem ausnutzen, anstatt Sicherheitslücken auf dem Server anzugreifen.

Diese Angriffe können zwar Popup-Warnungen auslösen, doch Benutzer ignorieren diese oft aus Gewohnheit mit einem Klick auf „OK" und gewähren so versehentlich Zugriff auf Malware. Angreifer nutzen dieses Verhalten aus, indem sie Malware in legitime Websites einschleusen und so das Vertrauen der Benutzer in vertraute Online-Ziele ausnutzen.

Angreifer können sich jedoch nicht allein auf die Erstellung eigener schädlicher Websites verlassen. Dies hat zwei Hauptgründe: Erstens würden solche Websites nur minimalen Datenverkehr generieren, da Nutzer verdächtige URLs meiden. Zweitens identifizieren und blockieren Sicherheitsmaßnahmen wie Blacklists bekannte schädliche Websites und verhindern so Infizierungsversuche. Stattdessen kompromittieren Angreifer bei einem Watering-Hole-Angriff seriöse Websites ohne das Wissen der Betreiber und nutzen das Vertrauen der Nutzer in diese aus.

Bei einem Watering-Hole-Angriff kompromittiert der Angreifer zunächst eine von seiner Zielgruppe besuchte Website. Anschließend nutzt er einen Client-Exploit, um die Browsersicherheit der Besucher zu durchbrechen und eine Botnet-Nutzlast einzubetten, um infizierte Systeme in sein Botnet einzubinden. Anschließend platziert der Angreifer Malware auf der kompromittierten Website und wartet geduldig auf Verbindungen von infizierten Systemen.

Watering-Hole-Angriffe stellen eine erhebliche Bedrohung dar, da sie von vertrauenswürdigen Websites ausgehen und es für Nutzer schwierig machen, böswillige Absichten zu erkennen. Angreifer, die diese Methode nutzen, können gezielt in Systeme eindringen und unbeabsichtigte Interaktionen der Opfer ausnutzen. Websitebetreiber und Nutzer müssen wachsam bleiben und Sicherheitspatches umgehend installieren, um das Risiko von Watering-Hole-Angriffen zu verringern.

SOCIAL ENGINEERING IM ECHTEN LEBEN

Social Engineers setzen ihre Taktiken häufig über digitale Kanäle um, greifen aber manchmal auch auf physische Methoden zurück.

Wir untersuchen drei ihrer Ansätze: Shoulder Surfing, Dumpster Diving und Tailgating.

Shoulder Surfing, die erste Methode, ist relativ unkompliziert. Dabei beobachtet der Angreifer das Opfer heimlich bei sensiblen Aufgaben am Computer. Diese Angriffe sind nicht immer auffällig, beispielsweise wenn jemand im Flugzeug oder Zug flüchtig auf den Laptop-Bildschirm eines Mitreisenden schaut. Um Shoulder Surfing zu verhindern, sollte man seine Umgebung aufmerksam beobachten und Blickschutzfilter auf Laptop-Bildschirmen verwenden, um unbefugte Blicke aus schrägen Winkeln zu verhindern.

Müll enthält wertvolle Informationen, was das „Dumpster Diving" zu einem lukrativen Unterfangen für Social Engineers macht. Unternehmen werfen häufig Dokumente mit sensiblen Daten weg, die sich als vielversprechende Angriffsfläche erweisen. Passwörter lassen sich zwar selten aus dem Papierkorb wiederherstellen, doch häufig finden sich Dokumente, die Organisationsstrukturen oder aktuelle technologische Veränderungen enthüllen und so die Glaubwürdigkeit nachfolgender Social-Engineering-Angriffe stärken. Die Bekämpfung von Dumpster Diving ist unkompliziert: Unternehmen sollten alle Dokumente vor der Entsorgung sorgfältig schreddern, um sicherzustellen, dass sensible Informationen vertraulich bleiben.

Drängeln, auf Autobahnen verpönt, stellt im Büro eine noch größere Gefahr dar. Social Engineers nutzen die menschliche Höflichkeit aus und nutzen die Neigung von Personen, anderen die Tür aufzuhalten. So verschaffen sie sich unbefugten Zutritt zu Sicherheitsbereichen, indem sie sich dicht an rechtmäßige Ausweisinhaber heranwagen. Aufklärung ist die wichtigste Abwehrmaßnahme gegen Drängeln. Warnschilder, die auf die Gefahren des Drängelns aufmerksam machen, schärfen nicht nur das Bewusstsein, sondern halten potenzielle Täter auch von solchen Taktiken ab.

Physische Social-Engineering-Angriffe sind zwar einfach, können Unternehmen jedoch erheblichen Schaden zufügen. Glücklicherweise ist die Bekämpfung dieser Bedrohungen unkompliziert. Der Einsatz von Datenschutzfiltern, die Umsetzung strenger Aktenvernichtungspraktiken und die Sensibilisierung durch

Aufklärung können physische Social-Engineering-Versuche wirksam verhindern.

IDENTITÄT ALS KERNBEREICH DER SICHERHEIT

Datendiebstahl kommt immer wieder erschreckend häufig vor, egal ob Sie Nachrichten schauen oder im Internet surfen. Haben Sie schon einmal darüber nachgedacht, dass gestohlene Zugangsdaten oft als primäres Einfallstor für Hacker dienen? Stellen Sie sich vor, Sie wären die Person, die an der Entwicklung von Richtlinien zur Minimierung des Risikos von Identitätsdiebstahl mitwirkt oder Organisationen über Best Practices zum Schutz ihrer Zugangsdaten informiert. Wenn Sie diese Aussicht reizt, könnte eine Karriere als IAM-Manager genau das Richtige für Sie sein.

In diesem Buch gehen wir näher auf die Rolle eines IAM-Managers ein und untersuchen seine Verantwortlichkeiten, seine wesentlichen Fähigkeiten, die Bedeutung von Kommunikation und Personalmanagement sowie die Auswirkungen seiner Entscheidungen auf das Unternehmen. Darüber hinaus diskutieren wir Strategien zur Identifizierung verfügbarer IAM-Manager-Positionen und geben Tipps zur Besetzung einer solchen Position.

Was IAM-Experten tun

IAM-Experten spielen eine entscheidende Rolle bei der Sicherung der digitalen Identitäten eines Unternehmens und stellen sicher, dass die richtigen Personen zum richtigen Zeitpunkt und aus den richtigen Gründen Zugriff auf die richtigen Ressourcen haben. Ihr Aufgabenbereich umfasst ein breites Spektrum, darunter unter anderem:

1. **Benutzer-Lebenszyklusverwaltung**: Überwachung des gesamten Lebenszyklus der digitalen Identität eines Benutzers innerhalb einer Organisation, vom Onboarding über Rollenänderungen bis zum Offboarding.
2. **Zugriffskontrolle**: Implementieren und Verwalten von Zugriffskontrollmechanismen, um sicherzustellen, dass Benutzer basierend auf ihren Rollen und Verantwortlichkeiten über die entsprechenden Zugriffsebenen verfügen.
3. **Authentifizierungs-** **und** **Autorisierungsmanagement**: Einrichten und Verwalten von Prozessen und Tools, die die Identität von Benutzern überprüfen und sicherstellen, dass ihnen Zugriff auf die entsprechenden Ressourcen gewährt wird.

4. **Politikentwicklung und -implementierung**: Entwickeln, Implementieren und Durchsetzen von Sicherheits- und Zugriffsrichtlinien, die den organisatorischen Anforderungen und Compliance-Anforderungen entsprechen.

5. **Privileged Access Management (PAM)**: Verwalten und Überwachen der Zugriffsrechte privilegierter Benutzer, um das Risiko von Verstößen oder Missbrauch vertraulicher Informationen zu verringern.

6. **Single Sign-On (SSO)-Systeme**: Implementieren und Warten von SSO-Lösungen zur Optimierung des Benutzerzugriffs bei gleichzeitiger Aufrechterhaltung der Sicherheitskontrollen.

7. **Multi-Faktor-Authentifizierung (MFA)**: Einsatz von MFA-Mechanismen zur Verbesserung der Sicherheit, indem von Benutzern beim Zugriff auf vertrauliche Systeme oder Daten mehrere Formen der Verifizierung verlangt werden.

8. **Identitätsföderation**: Verwalten von Identitätsföderationssystemen, um einen sicheren Zugriff über verschiedene Organisationsgrenzen oder Cloud-Dienste hinweg zu ermöglichen.

9. **Verzeichnisdienstverwaltung**: Verwalten von Verzeichnisdiensten (wie Active Directory oder LDAP), die Benutzerinformationen speichern und Authentifizierung und Autorisierung verwalten.

10. **Audit und Compliance**: Durchführung regelmäßiger Audits der IAM-Praktiken und -Technologien, um die Einhaltung interner Richtlinien und externer Vorschriften sicherzustellen.

11. **Risikobewertung und -management**: Identifizierung, Bewertung und Minderung von Risiken im Zusammenhang mit Benutzerzugriff und Identitätsverwaltung.

12. **Vorfallreaktion und Forensik**: Reagieren auf Sicherheitsvorfälle im Zusammenhang mit IAM, Durchführen einer forensischen Analyse zur Ermittlung der Ursache und Implementieren von Korrekturmaßnahmen.

13. **Entwurf und Implementierung von IAM-Lösungen**: Entwerfen, Implementieren und Verwalten von IAM-Lösungen und -Architekturen, die die Sicherheitsanforderungen der Organisation erfüllen.

14. **Benutzerschulung und -bewusstsein**: Schulungen durchführen und Benutzer für bewährte Sicherheitspraktiken und die Bedeutung der Einhaltung von IAM-Richtlinien sensibilisieren.

15. **Anbieter- und Technologiebewertung**: Evaluieren und Auswählen von IAM-Tools und -Diensten von Anbietern, einschließlich Identitätsverwaltung, Zugriffsverwaltungssoftware und Cloud-IAM-Lösungen.

16. **Identitätsanalyse und -intelligenz**: Verwenden Sie Analyse- und Geheimdiensttools zum Überwachen, Analysieren und Melden von IAM-bezogenen Aktivitäten, um potenzielle Sicherheitsbedrohungen oder Richtlinienverstöße zu erkennen.

IAM-Experten müssen über ein tiefes Verständnis sowohl der technischen als auch der politischen Aspekte des Identitäts- und Zugriffsmanagements verfügen und über die neuesten Sicherheitstrends, Technologien und gesetzlichen Anforderungen auf dem Laufenden bleiben, um die Vermögenswerte eines Unternehmens wirksam zu schützen.

Im IAM-Bereich besteht eine wichtige Verantwortung darin, Prozesse zum Schutz von Benutzerdaten zu implementieren, indem Vorschriften wie eine unternehmensweite Kennwortrichtlinie durchgesetzt werden. Sie fragen sich vielleicht: „Was genau macht ein IAM-Manager?" IAM-Manager sind für die Entwicklung von Richtlinien und Protokollen für die Benutzerverwaltung zuständig. Dazu gehört die Festlegung der Zugriffsrechte für Benutzer, die Festlegung von Richtlinien für die zeitnahe Löschung von Benutzerkonten nach deren Ausscheiden aus dem Unternehmen und die Zusammenarbeit mit der Geschäftsleitung, um die Einhaltung relevanter Gesetze und Vorschriften sicherzustellen. Spannend, nicht wahr? Dies ist jedoch nur eine von mehreren wichtigen Aufgaben, die in den Zuständigkeitsbereich eines IAM-Managers fallen.

Eine weitere wichtige Aufgabe ist die Modernisierung der IAM-Richtlinien, um mit neuen Technologien Schritt zu halten. Dazu gehört die Sicherstellung, dass neue Anwendungen mit bestehenden Richtlinien übereinstimmen und die Integration neuer Fusionen oder Übernahmen in das Unternehmensgefüge berücksichtigt wird. Darüber hinaus ist die Leitung des IAM-Teams von größter

Bedeutung, um dessen Erfolgsbereitschaft und die Übereinstimmung mit den Unternehmensrichtlinien sicherzustellen.

Sie fragen sich vielleicht, ob technisches Fachwissen für diese Rolle erforderlich ist. Müssen Sie Python beherrschen oder mit Kali Linux hacken können? Ich kann Ihnen versichern, das ist keine Voraussetzung. Ich habe mit zahlreichen hoch angesehenen IAM-Experten zusammengearbeitet, von denen einige keinen technischen Hintergrund haben oder keinen Hochschulabschluss besitzen. Technischer Hintergrund kann zwar hilfreich sein, um Probleme effektiv an die Führungsebene zu kommunizieren, doch der Kern von IAM liegt eher in der Entwicklung effektiver Prozesse für das Benutzerzugriffsmanagement als in Programmierkenntnissen. Diskussionen und Entscheidungen rund um das Benutzerzugriffsmanagement und Netzwerkberechtigungen haben oft größere Auswirkungen auf ein Unternehmen als technische Feinheiten.

Darüber hinaus umfasst die Rolle eines IAM-Managers auch die Zusammenarbeit mit anderen Teams der IT-Sicherheitsabteilung des Unternehmens. IAM-Richtlinien sollten unter Einbeziehung des Sicherheitsteams und des Governance-, Risiko- und Compliance-Teams (GRC) formuliert werden. Effektive Zusammenarbeit erfordert eine klare und verständliche Kommunikation von Entscheidungen ohne Fachjargon oder Abkürzungen, da nicht jeder über den gleichen technischen Hintergrund verfügt. Eine vereinfachte Kommunikation gewährleistet eine effiziente Umsetzung von Initiativen.

In Krisensituationen, wie beispielsweise einem Datenleck um 2:00 Uhr morgens, ist es für IAM-Manager unerlässlich, ein Playbook mit den IAM-Richtlinien des Unternehmens zur Hand zu haben. Dieses Playbook, das in Zusammenarbeit mit dem IAM-Team entwickelt und von anderen IT-Führungskräften freigegeben wurde, dient als Leitfaden für die Reaktion auf spezifische Szenarien, um das Unternehmen auf Erfolgskurs zu bringen und potenzielle Risiken zu minimieren.

IAM-MANAGER ALS TEIL DES BLAUEN TEAMS

Im Bereich der Cybersicherheit gibt es verschiedene Teams: das rote Team, das sich mit dem Eindringen in Systeme durch

Hackerangriffe befasst; das blaue Team, das die Abwehr gegen Hacker stärkt; und das violette Team, das die Strategien beider Teams vereint. Als IAM-Manager orientieren wir uns an den Zielen des blauen Teams.

Mein Schwerpunkt liegt darauf, zu erläutern, wie IAM-Manager Identitäten schützen und Schwachstellen minimieren. Unser oberstes Ziel ist der Schutz der Vermögenswerte und Mitarbeiter unseres Unternehmens. Um dies zu erreichen, müssen wir Sicherheitsvorkehrungen treffen, beispielsweise durch die Durchsetzung strenger Passwortrichtlinien, die Implementierung einer Multi-Faktor-Authentifizierung und die häufigere Zertifizierung privilegierter Benutzer als normaler Benutzer.

Eine Herausforderung für IAM-Manager besteht darin, den richtigen Kompromiss zwischen dem Schutz der Nutzer und der Vermeidung unnötiger Komplexität zu finden. Zwar ist maximale Sicherheit unser Ziel, doch übermäßig umständliche Sicherheitsmaßnahmen können zu Beschwerden der Endnutzer führen oder, schlimmer noch, sie dazu verleiten, auf riskante Workarounds zurückzugreifen, die von böswilligen Akteuren ausgenutzt werden können.

Um dieser Herausforderung zu begegnen, arbeiten IAM-Manager eng mit Governance-, Risiko- und Compliance-Teams (GRC) zusammen, um Richtlinien und Leitlinien zu entwickeln, die das Risiko einer Netzwerkinfiltration minimieren. Leicht verständliche Richtlinien fördern die Einhaltung durch die Endbenutzer.

Es ist unrealistisch anzunehmen, dass alle Unternehmen vor Hackerangriffen geschützt sind. Daher müssen IAM-Manager ein Handbuch entwickeln, das die Schritte beschreibt, die unser Team bei vermuteten Sicherheitsverletzungen unternimmt. Dieses Handbuch sollte die wichtigsten Systeme zur Verwaltung der Endbenutzeridentitäten beschreiben, Benutzer mit Administratorrechten auflisten, die kritische Systeme stören können, und jährlich von allen IAM-Teammitgliedern überprüft werden, um ein umfassendes Verständnis und eine ausgewogene Rollenverteilung sicherzustellen.

Die Durchführung simulierter Sicherheitsverletzungen und die Umsetzung des Playbooks tragen dazu bei, die Teameffizienz zu steigern und Bereiche mit Verbesserungsbedarf zu identifizieren. Wie Bruce Schneier treffend feststellte: „Amateure hacken Systeme, Profis hacken Menschen." Als IAM-Manager und Mitglieder des Blue Teams ist der Schutz unserer Benutzer unser oberstes Ziel. Durch die Zusammenarbeit mit Teams wie GRC etablieren wir effektive Richtlinien und Standards, während klar definierte Playbooks eine schnelle Erkennung und Eindämmung von Sicherheitsverletzungen ermöglichen und so potenzielle Schäden minimieren. Ist es nicht faszinierend, die defensive Rolle zu übernehmen?

ENTSCHEIDUNGEN ALS TEIL EINES IAM-TEAMS

Stellen Sie sich ein Szenario vor, in dem sich Endbenutzer alle 15 Minuten in Ihr Unternehmensnetzwerk einloggen müssen. Halten Sie das für übertrieben oder notwendig? Diese Richtlinienentscheidung ist nur eine von vielen, die ein Identity Access Management (IAM)-Manager treffen muss. Als IAM-Experte müssen Sie sowohl die Perspektive der Endbenutzer als auch Sicherheitsbedenken berücksichtigen.

Aus Sicht des Endnutzers kann die Notwendigkeit einer erneuten Authentifizierung alle 15 Minuten schnell zur Belastung werden und negative Reaktionen hervorrufen. Aus Sicherheitssicht dienen häufige Anmeldungen jedoch als Abschreckung für böswillige Akteure, die versuchen, sich unbefugt Zugriff zu verschaffen. Durch die Anforderung einer kontinuierlichen Authentifizierung der Endnutzer wird das Risiko eines Verstoßes effektiv verringert.

Betrachten wir ein weiteres Richtlinienbeispiel, dessen Durchsetzung IAM-Experten in Erwägung ziehen könnten: eine strenge Passwortrichtlinie, die Passwörter mit mindestens 18 Zeichen vorschreibt, Passwörter alle 90 Tage zurücksetzt und von Benutzern die Eingabe eines Codes verlangt, der sich alle 30 Sekunden ändert. Wie würden Sie als Endbenutzer von einer solchen Richtlinie halten?

Vor der Umsetzung solcher Maßnahmen müssen IAM-Experten sorgfältig abwägen, wie Endbenutzer diese Änderungen wahrnehmen.

Als Endnutzer legen wir bei unseren täglichen Aufgaben natürlich Wert auf Komfort und Effizienz. Die Eingabe langer Passwörter oder ständig wechselnder Codes kann jedoch lästig sein. Auch andere gängige Szenarien, wie beispielsweise die Anforderung von Organisationen, dass Benutzer zur Authentifizierung oder Standortverfolgung eine App auf ihrem Smartphone installieren müssen, können in der heutigen Umgebung, in der Datenschutz ein umstrittenes Thema ist, Bedenken hinsichtlich des Datenschutzes aufwerfen.

Bei Richtlinienentscheidungen ist es entscheidend, die Meinung mehrerer Teams einzuholen. Das Helpdesk-Team ist die erste Anlaufstelle für Endbenutzerbeschwerden und liefert wertvolle Erkenntnisse basierend auf häufigen Beschwerden und Benutzerreaktionen auf neue Richtlinien. Darüber hinaus ist die Einbindung des Security Operations (SecOps)-Teams unerlässlich. Dieses kann die vorgeschlagenen Richtlinien auf ihre Wirksamkeit bei der Behebung von Schwachstellen prüfen und beurteilen, ob sie das richtige Gleichgewicht zwischen Sicherheit und Benutzerfreundlichkeit bieten.

Wenn Entscheidungen Endbenutzer betreffen, ist es unerlässlich, die Sichtweisen von Teams außerhalb des IAM, wie beispielsweise Helpdesk und SecOps, zu berücksichtigen. Als IAM-Experten ist es unser Ziel, ein Gleichgewicht zwischen einem nahtlosen Benutzererlebnis und robusten Sicherheitsmaßnahmen zur Abwehr potenzieller Bedrohungen zu finden.

POSITIONEN UND ROLLEN IM IAM-BEREICH

IAM umfasst ein breites Spektrum an Positionen und Rollen. Jede dieser Positionen ist entscheidend dafür, dass die richtigen Personen zum richtigen Zeitpunkt und aus den richtigen Gründen sicher auf die richtigen Ressourcen zugreifen können. Nachfolgend finden Sie eine Liste der wichtigsten IAM-Positionen und -Rollen mit Beschreibungen:

1. IAM-Analyst

IAM-Analysten sind für die täglichen operativen Aspekte der Verwaltung und Wartung von IAM-Systemen verantwortlich. Dazu gehören die Analyse von Systemprotokollen, die Behebung von Zugriffsproblemen und die Sicherstellung der Einhaltung von Richtlinien und gesetzlichen Anforderungen durch Benutzerzugriffsrechte. Sie sind häufig die erste Anlaufstelle bei Zugriffsproblemen.

2. IAM-Administrator

Ein IAM-Administrator verwaltet die IAM-Lösung und -Infrastruktur. Zu seinen Aufgaben gehören die Konfiguration und Verwaltung von Zugriffskontrollen, die Bereitstellung und Deaktivierung von Benutzerkonten, die Einrichtung von SSO und MFA sowie die Sicherstellung des reibungslosen Betriebs der IAM-Plattform. IAM-Administratoren spielen eine Schlüsselrolle bei der Implementierung und Durchsetzung von IAM-Richtlinien.

3. IAM-Architekt

IAM-Architekten entwerfen und überwachen die Implementierung von IAM-Frameworks und -Lösungen innerhalb eines Unternehmens. Sie bewerten Geschäftsanforderungen, wählen geeignete IAM-Tools und -Technologien aus und entwerfen eine IAM-Architektur, die den Sicherheitsrichtlinien und -zielen des Unternehmens entspricht. Ihre Arbeit gewährleistet die Skalierbarkeit, Zuverlässigkeit und Sicherheit von IAM-Diensten.

4. IAM-Ingenieur

IAM-Ingenieure sind für die technische Bereitstellung und Integration von IAM-Lösungen verantwortlich. Sie arbeiten eng mit IAM-Architekten zusammen, um die IAM-Architektur zu implementieren. Dazu gehören die Anpassung und Konfiguration von IAM-Produkten, die Entwicklung von Integrationsskripten und die Sicherstellung der Systeminteroperabilität. Ihr Fachwissen ist entscheidend für die Umsetzung von IAM-Designs in funktionale Systeme.

5. IAM-Projektmanager

Ein IAM-Projektmanager betreut IAM-Projekte von der Konzeption bis zur Fertigstellung. Er koordiniert die verschiedenen Stakeholder, verwaltet Zeitpläne und Budgets und stellt sicher, dass IAM-Projekte ihre Ziele erreichen. Seine Rolle umfasst umfassende Planung, Kommunikation und Führung, um IAM-Lösungen erfolgreich umzusetzen.

6. IAM-Berater

IAM-Berater bieten kompetente Beratung und Unterstützung zu IAM-Strategien, -Technologien und Best Practices. Sie arbeiten mit Unternehmen zusammen, um den IAM-Bedarf zu ermitteln, Lösungen zu empfehlen und bei der Implementierung von IAM-Projekten zu helfen. Berater verfügen oft über umfassende Erfahrung mit verschiedenen IAM-Plattformen und Branchen.

7. IAM Compliance Officer

IAM-Compliance-Beauftragte stellen sicher, dass IAM-Richtlinien und -Praktiken den gesetzlichen und regulatorischen Anforderungen entsprechen. Sie führen Audits durch, bewerten Risiken und arbeiten an der Lösung von Compliance-Problemen im Zusammenhang mit dem Zugriffsmanagement. Ihre Rolle ist entscheidend für die Einhaltung der Compliance-Richtlinien des Unternehmens.

8. Privileged Access Manager

Diese Rolle konzentriert sich auf die Verwaltung und Sicherung privilegierter Konten mit erweiterten Zugriffsrechten. Privileged Access Manager implementieren

PAM-Lösungen, überwachen die Nutzung privilegierter Konten und stellen sicher, dass der Zugriff auf kritische Systeme sicher verwaltet und geprüft wird.

9. Spezialist für Identitätsverwaltung

Spezialisten für Identitätsverwaltung sind für die Definition und Implementierung von Richtlinien und Prozessen zur Verwaltung digitaler Identitäten und Zugriffsrechte verantwortlich. Sie konzentrieren sich auf den Governance-Aspekt von IAM und stellen sicher, dass die Zugriffskontrollen den Geschäftsanforderungen und Sicherheitsrichtlinien entsprechen.

10. IAM-Geschäftsanalyst

IAM-Business-Analysten bilden die Brücke zwischen technischen IAM-Teams und den Stakeholdern. Sie erfassen Geschäftsanforderungen, dokumentieren Prozesse und helfen bei der Umsetzung von Geschäftsanforderungen in IAM-Lösungen. Ihre Rolle ist entscheidend, um sicherzustellen, dass IAM-Implementierungen die Geschäftsziele unterstützen.

Diese Rollen gewährleisten gemeinsam, dass das IAM-Framework eines Unternehmens robust, konform und auf die Geschäftsziele ausgerichtet ist. Die spezifischen Titel und Verantwortlichkeiten können je nach Unternehmen unterschiedlich sein, aber die Kernfunktionen sind entscheidend für die Sicherung digitaler Identitäten und Zugriffe in jedem modernen Unternehmen.

ERSTE SCHRITTE ALS JUNIOR IAM ANALYST

Zunächst ist es wichtig, sich mit Ihren direkten Mitarbeitern vertraut zu machen. Sie müssen nicht jedes Detail kennen, aber ein Verständnis für ihren Hintergrund, ihre Erziehung, ihre Ausbildung und ihre Motivation und Demotivation ist von unschätzbarem Wert.

Diese Erkenntnisse bieten Ihnen als Manager einen ganzheitlichen Blick auf Ihre direkten Mitarbeiter und helfen Ihnen, sie effektiv zum Erfolg zu führen. Wenn Sie beispielsweise erfahren, dass ein direkter Mitarbeiter während des Studiums mehrere Jobs hatte, kann dies auf seinen starken Antrieb und seine Problemlösungskompetenz hinweisen. Umgekehrt könnten Sie feststellen, dass jemand nicht gerne vor Publikum spricht, was Ihnen hilft, seine Aufgaben entsprechend anzupassen.

Als Nächstes sollten Sie regelmäßige Einzelgespräche mit Ihren direkten Mitarbeitern führen. Die Häufigkeit kann je nach individuellem Bedarf variieren, empfohlen werden jedoch mindestens zweiwöchentliche Treffen. Diese Treffen bieten Ihnen die Möglichkeit, Ihren Mitarbeitern aktiv zuzuhören, ihre Herausforderungen zu verstehen und herauszufinden, was ihnen gut tut. Es ist wichtig, eine sichere Umgebung zu schaffen, in der sie sich offen und offen austauschen können. Aufschlussreiche Fragen können sinnvolle Gespräche anregen. Sprechen Sie auch gerne über Themen, die nichts mit der Arbeit zu tun haben, um die Beziehung zu stärken.

Darüber hinaus kann die Organisation von Brown-Bag-Sessions mit Ihrem Team sehr hilfreich sein. Diese Sessions können aktuelle Teamprobleme ansprechen, Problemlösungsansätze demonstrieren oder Einblicke in spezifische Anwendungen geben. Indem Sie Ihr Fachwissen teilen und das Teamengagement fördern, fördern Sie eine kollaborative Umgebung, in der vielfältige Lösungen entstehen. Brown-Bags in der Mittagspause ermöglichen Ihrem Team, kurz abzuschalten, aber gelegentliche Sessions mit bereitgestelltem Mittagessen können auch den Zusammenhalt stärken.

Als IAM-Experte besteht Ihre Hauptaufgabe darin, Ihr Team zum Erfolg zu führen. Investieren Sie Zeit in das Verständnis Ihrer Teammitglieder, legen Sie Wert auf regelmäßige Einzelgespräche und nutzen Sie Brown-Bag-Sessions, um Ihr Team zu stärken und positive Ergebnisse zu erzielen. Denken Sie daran: Das Wachstum Ihres Teams wirkt sich direkt auf Ihr eigenes aus und trägt zum Gesamterfolg des Unternehmens bei.

Die Leitung eines Teams erfahrener Fachkräfte stellt besondere Herausforderungen dar, da diese bereits über die notwendigen Fähigkeiten verfügen, um in ihren Rollen erfolgreich zu sein. Als Manager ist es unsere Aufgabe, sie zu motivieren und gleichzeitig ihre Karriereziele zu fördern. Sie fragen sich vielleicht: „Wie kann ich sicherstellen, dass meine erfahrenen Teammitglieder engagiert bleiben?" Die Lösung liegt in der regelmäßigen Kommunikation mit ihnen. Dieser Austausch dient dazu, wichtige Projekte oder Herausforderungen zu besprechen und wertvolles Feedback einzuholen. Unsere Aufgabe ist es nicht, Aufgaben zu monopolisieren, sondern mit unseren erfahrenen Teammitgliedern zusammenzuarbeiten, um gemeinsamen Erfolg zu erzielen.

Aktives Zuhören ist ein wiederkehrendes Thema, wie bereits in früheren Diskussionen betont wurde. Vertrauen in unsere erfahrenen Mitarbeiter durch aufmerksame Berücksichtigung ihrer Beiträge schafft ein Umfeld, in dem sie sich frei äußern können. Es ist jedoch wichtig, diesen Ansatz mit der Führungsverantwortung in Einklang zu bringen. Wie Kim Scott es in „Radical Candor" treffend formuliert: Wir müssen uns persönlich engagieren und gleichzeitig direkt herausfordern. Konstruktive Herausforderungen fördern das Wachstum, beispielsweise indem wir Lösungen in klarer, nicht-technischer Sprache formulieren.

Darüber hinaus müssen wir als Führungskräfte die berufliche Weiterentwicklung unserer erfahrenen Teammitglieder fördern. Dazu gehört, ihre Karriereziele in Einzelgesprächen zu ermitteln. Beispielsweise sollte ein erfahrener Analyst, der Projektmanager werden möchte, Führungsaufgaben übernehmen. Neben der Beratung und Unterstützung müssen wir auch Raum für Erfolge und Misserfolge lassen, um wertvolle Lernerfahrungen zu ermöglichen.

Ebenso wichtig ist es, sich für unsere erfahrenen Teammitglieder einzusetzen. Dazu gehört, ihre Beiträge in Meetings mit der Führungsebene öffentlich anzuerkennen, ihre Entscheidungen oder Ideen zu unterstützen und ihnen Unterstützung anzubieten, wenn sie einen Wechsel aus unserem Team oder dem Unternehmen erwägen. Solches Handeln schafft nicht nur Vertrauen, sondern stärkt auch das Vertrauen in ihre Fähigkeiten.

Um es mit Steve Jobs auszudrücken: Intelligente Menschen einzustellen bedeutet, sie zu befähigen, uns zu führen. Als Manager ist es unerlässlich, die Erkenntnisse unserer erfahrenen Teammitglieder zu berücksichtigen, ihre Karriereentwicklung zu fördern und sie tatkräftig zu unterstützen. Diese Bemühungen führen zu einem Team erfüllter und motivierter Menschen unter unserer Führung.

SO ERHALTEN SIE EINEN JOB IM IAM

Um eine Stelle im Identity and Access Management (IAM) zu bekommen, ist in der Regel eine Kombination aus Ausbildung, Fähigkeiten, Erfahrung und Networking erforderlich. Hier ist eine Schritt-für-Schritt-Anleitung für eine Karriere im IAM:

1. **Schul-und Berufsbildung:**

   - Erwerben Sie einen relevanten Bachelor-Abschluss in Informatik, Informationstechnologie, Cybersicherheit oder einem verwandten Bereich. Für einige Positionen sind möglicherweise ein Master-Abschluss oder Zertifizierungen erforderlich.
   - Erwägen Sie die Anschaffung von Zertifizierungen wie Certified Information Systems Security Professional (CISSP), Certified Information Security Manager (CISM), Certified Information Systems Auditor (CISA) oder Certified Identity and Access Manager (CIAM).

2. **Fähigkeiten entwickeln:**

   - Erlangen Sie Kenntnisse in IAM-Technologien und -Konzepten wie Identitätslebenszyklusmanagement, Zugriffskontrollmodellen, Authentifizierungsmethoden und Verzeichnisdiensten.

- Machen Sie sich mit IAM-Tools und -Plattformen wie Active Directory, Azure Active Directory, Okta, Ping Identity, ForgeRock und anderen vertraut.
- Entwickeln Sie ausgeprägte Fähigkeiten zur Problemlösung, Analyse und Kommunikation, da IAM-Rollen oft die Behebung komplexer Probleme und die Zusammenarbeit mit verschiedenen Teams beinhalten.

3. Erfahrungen sammeln:

- Suchen Sie nach Einstiegspositionen in der IT, Cybersicherheit oder verwandten Bereichen, um praktische Erfahrungen zu sammeln.
- Suchen Sie nach Praktika oder Freiwilligenarbeit in den Abteilungen IAM oder Cybersicherheit, um Ihre Fähigkeiten zu verbessern und Ihren Lebenslauf aufzuwerten.
- Steigen Sie in Rollen auf, die IAM-Verantwortlichkeiten beinhalten, wie etwa IAM-Analyst, IAM-Administrator oder Cybersicherheitsanalyst.

4. Vernetzung:

- Nehmen Sie an Branchenveranstaltungen, Konferenzen und Workshops zum Thema IAM und Cybersicherheit teil, um sich mit Fachleuten auf diesem Gebiet zu vernetzen.
- Treten Sie Online-Foren, LinkedIn-Gruppen und IAM-Communitys bei, um mit Experten in Kontakt zu treten und über Branchentrends auf dem Laufenden zu bleiben.
- Nutzen Sie professionelle Networking-Plattformen wie LinkedIn, um Ihre Fähigkeiten zu präsentieren, Kontakte zu Personalvermittlern zu knüpfen und Stellenangebote zu erkunden.

5. Bewerben Sie sich für Positionen:

- Passen Sie Ihren Lebenslauf an, um relevante Fähigkeiten, Erfahrungen und Zertifizierungen im Zusammenhang mit IAM hervorzuheben.
- Recherchieren Sie Unternehmen, die IAM-Rollen anbieten, und bewerben Sie sich auf Positionen, die Ihren Qualifikationen und Karrierezielen entsprechen.
- Bereiten Sie sich auf Vorstellungsgespräche vor, indem Sie häufige IAM-bezogene Fragen üben, Ihr Wissen über IAM-Konzepte demonstrieren und Ihre Fähigkeiten zur Problemlösung unter Beweis stellen.

6. Kontinuierliches Lernen:

- Bleiben Sie durch kontinuierliches Lernen und berufliche Weiterentwicklung über die neuesten Entwicklungen bei IAM-Technologien, Cybersicherheitsbedrohungen und gesetzlichen Anforderungen auf dem Laufenden.
- Erwerben Sie zusätzliche Zertifizierungen, besuchen Sie Schulungen und nehmen Sie an Webinaren teil, um Ihr Wissen und Ihre Fähigkeiten im Bereich IAM zu erweitern.

Indem Sie diese Schritte befolgen und Ihre Leidenschaft und Ihr Engagement für IAM unter Beweis stellen, können Sie Ihre Chancen auf einen Job in diesem dynamischen und lohnenden Bereich erhöhen.

ÜBER DEN AUTOR

Maria Bryght ist eine erfahrene IT-Beraterin, Dozentin und Autorin mit über zwanzig Jahren Erfahrung in der Technologiebranche. Maria hat ihre Karriere der Weiterentwicklung von IT-Praktiken, Cybersicherheit sowie Identity- und Access-Management-Strategien (IAM) in verschiedenen Branchen gewidmet. Ihre Beiträge zu diesem Bereich spiegeln sich auch in ihren Veröffentlichungen wider. Sie ist Autorin mehrerer einflussreicher Bücher über Cybersicherheit und IT im Allgemeinen, die für ihre Klarheit, Tiefe und praktische Anleitung bekannt sind.